La prueba de los amigos

LA PRUEBA DE LOS AMIGOS

Lope de Vega

*Edited with notes and an introduction
by Henryk Ziomek*

University of Georgia Press, Athens

Library of Congress Catalog Card Number: 72–78047
International Standard Book Number: 0–8203–0292–9

The University of Georgia Press, Athens 30601

Copyright © 1973 by the University of Georgia Press
All rights reserved.

Printed in the United States of America

Contents

Preface	vii
Introduction	1
Tables of Versification	30
Notes to the Introduction	32
La prueba de los amigos	39
Acto Primero	41
Acto 2º	77
Acto 3º	114
Notes to the Text	157
Bibliography	171

Preface Although there have been five editions of Lope de Vega's play, *La prueba de los amigos*,[1] there has been little critical analysis of the play with the exception of Lesley B. Simpson's article, "The Sources of Lope de Vega's *La prueba de los amigos*,"[2] some preliminary notes preceding the play in its editions, and scattered short studies[3] or references[4] to the play in various studies of Lope de Vega.

In recent years growing interest has resulted in new editions of Lope de Vega's texts. Much in the reproduction of these texts remains valid; nevertheless, the textual editions have rarely included a literary appraisal. The aim of this edition, therefore, is to analyze all critical assumptions relevant to the play, to discuss Lope de Vega's creative development as it is related to this work, to survey its historical source material, and finally to reproduce the text of the autograph play as faithfully as feasible with textual annotations and bibliography.

Introduction — *The Autograph Manuscript and this Edition*

Previously owned by the Spanish writer and diplomat Salustiano Olózaga and now deposited in the Biblioteca Nacional in Madrid under the catalogue number 2762, the autograph manuscript of *La prueba de los amigos* was dated in Toledo, September 12, 1604. The text of the play in this edition has been taken from the autograph manuscript signed by Lope de Vega. His signature is preceded by the letter "M," the initial of Micaela Luján, the actress with whom the poet was in love.

The manuscript consists of sixty-two folios whose format is eight and one-half by six inches. The title, *La prueba de los amigos Comedia famosa Passa en Madrid*, preceded and followed by Lope de Vega's rubric appears on the cover of the manuscript. "Agustín Romero," perhaps a name of one of the actors, is written on the back of the cover. The second right folio is blank except for the inscription, "Juan Núñez—Ricardo," the handwriting of which is not that of Lope de Vega but perhaps that of a theatrical manager who assigned the role of Ricardo to Juan Núñez. The second left folio is blank. On the third right folio the cast is listed in Lope de Vega's hand.

Throughout the manuscript within the acts, Lope de Vega wrote on the top center of each page a pious invocation with the initials "J[esús] M[aría] J[osef]." The letter *P* appears on the upper right-hand corner of the first folio of each act to indicate *Primera*. In addition to its presence twice on the cover page, the poet's characteristic rubric appears on folios 3r, 22r, 41r, 42r, 49v, 50r, 53r, and at the end of each act.

In the manuscript the division of the three acts is clearly shown, and the entrances and exits of the characters are indicated by Maltese crosses. These stage directions do not usually coincide with the changes of the scenes; therefore, the editor of the present edition has divided the play into scenes and has also deleted the superficial pious wording outside of the text, symbols such as Maltese crosses, and rubrics. The asides and exits, which the poet neglected to include, are indicated by the editor in italics and parentheses.

In the autograph manuscript it can be seen from different scripts that occasionally the text has been altered, possibly by theatrical managers, who changed the assignments of the speeches and crossed out certain lines with horizontal strokes. Lope de Vega's elisions in the form of loops and blots are less legible. These various alterations are cited in the notes that follow the text.

The inconsistent spelling, a common practice during the *siglo de oro* when Castilian was still in its formative stage, has been respected almost entirely. The only orthographic departures from the manuscript are as follows: the editor has emended the illegible and abbreviated words in the manuscript and spelled them out entirely; the apostrophe is used to show the poet's omission of the vowel *e* between words that are linked together (e.g., *d'esta* is written for *desta* [*de esta*]); punctuation and accentuation have been added according to modern usage; and the use of the capital and small letters and of the letters *u* and *v* are made to correspond with contemporary Castilian. The unintelligible or problematic words and passages in the manuscript are explained in the textual notes that follow the text.

La prueba de los amigos had its première on January 14, 1608, three years after its composition, in the *Corral de la Pacheca* in Madrid. The play was written for the famous theatrical manager, Antonio de Granados, who, after staging it several times in the capital of Spain, presented it in at least five different cities in Spain and Portugal between 1608 and 1612, judging from the approvals for the play's presentations which follow the end of the play in the manuscript. The play's title first appeared in a long list of titles that Lope de Vega published in his second edition of *El peregrino* in Madrid, 1618.[5]

Introduction   *The Sources of the Play*

The impulse of the Renaissance was more directly felt in Spain than in England. The character of the Spanish people and their proximity to Italy allowed the exchange of ideas in art, literature, and especially drama in the *siglo de oro*. The poet who contributed most to create a national Spanish drama was Lope de Vega (1562-1635). He broke with the past to bring Italian dramatic achievements to the stage and modified them to Spanish taste.

Lope de Vega searched for subjects, plots, and new dramatic devices wherever he could find them. *La prueba de los amigos* shows indebtedness to Boiardo's *Il Timone* for its dramatic framework and theme, to the biblical parable of the prodigal son for its topic or subject, to the tone of *Celestina* for its situation and the genre of the characters, to the apologues in *El conde Lucanor* for the conception of its title, and to the Roman comedy of Terence and Plautus for its dramatic devices of mistaken identity and the deus ex machina technique.

Some of the sources from which the dramatic structure of *La prueba de los amigos* is drawn are clear, others are doubtful. The remark that this play "tiene muchos puntos de contacto con el *Timon de Athenas* de Shakespeare"[6] directs attention at once to the authentic Timon the Misanthrope who lived in the fifth century B.C. in Greece. According to many sources including the histories of Plutarch (A.D. 46-120), who collected material from the plays of Aristophanes and from Plato, Timon the Misanthrope was an Athenian and a contemporary of Socrates. Born in Collytos near the Acropolis, Timon lived during the stormy period of the Peloponnesian War. His father, Echecratides, left him a large inheritance which he squandered on his friends. Irritated by their ingratitude he turned against them. Only the young, brilliant Alcibiades was spared from his anger because Timon saw in him the future destroyer of his country. Timon died because he refused to allow a surgeon to set a broken limb which he suffered during a fall from a fig tree. He was buried at Halse near the sea, and the following inscription was placed on his tomb:

> Here, after snapping the thread of a wretched life, I lie.
> Ye shall not learn my name, but my curses shall follow you.
> Timon, hater of men, dwells here; so pass along;
> Heap many curses on me, if thou wilt, only pass along.[7]

In the earliest references to Timon after his death, which are found in Phrynicus' *Hermit* (414 B.C.),[8] in Aristophanes' *Birds* (415 B.C.),[9] and in Antiphane's *Athenaens*,[10] Timon is attacked by the comic poets as a complete misanthrope. The later philosophers gave the image of Timon more serious treatment, as can be seen in Cicero's *Tusculan Disputations* (IV, xi)[11] and his *De Amicitia* (XXIII, 1. 87),[12] in Seneca's "Epistle" (XVIII, ii, 6),[13] in Pliny's *Natural History* (VII, xxiv, 187; IX, xxxiv, 91),[14] and in Strabo's *Geography* (XVIII, 9).[15] From the scattered bits of information about Timon, one can see how the facts dealing with his historical figure mixed with fable to produce a legend about him.

In general the references to Timon are brief except for passages already mentioned in Plutarch and Lucian's dialogue, *Timon, or the Misanthrope*. A distinguished Greek writer of lively wit, born A.D. 120 at Samosata in Syria, Lucian wrote about eighty works on philosophy, art, literature, life, and manners.[16] Nearly a century after Plutarch, Lucian gave comic treatment to Timon that borders on dramatic form. His dialogue is the first expanded reworking of the ancient legend. In the beginning monologue, Timon complains to Zeus about his benevolent silence toward the Athenians who do wrong against the god and are not punished. Then speaking in his own behalf, Timon recalls his own kindheartedness, philanthropy, and compassion in raising so many Athenians

Introduction to high stations and wealth when they had been poor and in need of help.

Finally when Timon, ruined and a poor laborer, asks his former beneficiaries for help, they turn against him. As a result, Timon prays for help and revenge in a somewhat burlesque fashion to Zeus, who, remembering Timon's propitiative sacrifices, sends Plutus, the god of riches, in company with Hermes to provide Timon with wealth. In some supernatural way Timon discovers gold, thus enabling him to use his newly gained riches for revenge against his false friends.

When they learn of his new wealth, the parasites approach the benevolent patron to drain him once again; however, this time they are rewarded with broken heads for their abusive flattery. Gnathonides, who previously gave Timon a rope when asked for a loan, hurries to sing a new song only to be paid with a thrashing. The bald-headed Philiades, who received a whole farm and a dower of two talents for his daughter from Timon in payment for praising him once, yet who once beat Timon after his loss of wealth when he begged him for alms, now receives an unfriendly greeting with a pick. The orator Demeas announces that he may be Timon's future cousin and reads a laudatory resolution of flattery. However, Demeas, who received sixteen talents from Timon in order to pay a fine that would have condemned Demeas to jail if not paid, and who later refused to pay Timon his share of show money by not recognizing him as a citizen, is denounced by Timon now as a blackmailer. Angry, Demeas accuses Timon of breaking into the treasury, for which he is punished with a pick. The others—Thrasycles, Blepsias, Laches, and Gniphon—rush toward him, but Timon hurls stones at them from a hill, forcing them to retreat to Athens.

From the content of Lucian's dialogue, two essential features of the story can be seen: the ingratitude of Timon's friends, who took advantage of him when he was rich but turned their backs on him when he lost his money, and second,

Introduction Timon's retaliation after he discovers buried treasure. The first part of the story is older than Lucian, for Plutarch and Strabo write that Mark Anthony, when his friends deserted him, compared himself with Timon. The second part occurred first in Lucian's work and may have been his invention. It is known, however, that Antiphanes, a writer of Middle Comedy, produced a play entitled *Timon*. Since the discovery of the treasure and the punishment of the flatterers would make a fitting conclusion for a comedy, and as it is difficult to imagine what other conclusion the comedy of Antiphanes can have had, we should perhaps credit the whole conception to Antiphanes, who may possibly have been influenced by the history of "Master Upright" in the *Plutus* of Aristophanes. It does not follow, however, that Lucian read Antiphanes' *Timon*, for its plot may have been outlined from the life of Timon which Neanthes of Cyzicus compiled about 200 B.C.[17]

After a long silence during the Middle Ages, the Timon story came to light once again in 1494 in Matteo Maria Boiardo's *Il Timone*.[18] This revived version of the misanthrope theme during the Renaissance contributed little to the development of the Timon legend. By calling his play *Timone traducta de uno dialogo de Luciano*[19] Boiardo assures his reader that he is simply retelling the Lucian story; however, in this first modern comedy many changes, additions, and subtractions can be found. Names are changed—Mercury for Hermes, Jove for Zeus, Richeza for Plutus—and some characters are added—Fama in the fourth act and Auxilio together with two servants, Siro and Parmeno, in act 5. For a more convenient presentation, Boiardo divided the play into five acts, each subdivided into scenes, and wrote it in *terza rima*. Timon's father—although briefly referred to in Lucian's work through Hermes' "What father! Don't you know Timon of Collytus, the son of Echecratides?"[20]—is elaborated upon in Boiardo's play as a sketchy character by Luciano, who delivers the prologue.[21]

Introduction

The prologue, which gives the first hint of Echecratides' hardfisted avarice, also suggests Timone's intention of wasting recklessly his father's possessions. The beginning of act 1 shows Timone retired to his country house, living a simple life. He complains about his condition; since he has lost everything, he has turned against the world. He must now work with his hands, digging and plowing. In the next scene, Zeus and Mercury discuss Timone's fate together with the fact that he is poor and lonely. They feel that Richeza must return to Timone.

In act 2 the gods call Richeza to suggest that she should go back to Timone, but she refuses at first, saying that he mistreated her. They finally convince her to return, after they tell her that Timone's only companion is Poverty.

Act 3 opens showing Timone and Poverty working together. Poverty has convinced him that she is a better companion than Richeza because she has shown him reality and truth. Richeza then appears before Poverty, telling her that she has returned to take her place with Timone. Poverty resists, arguing that she has been a better companion to Timone and indeed has taken good care of him, but finally, realizing that it is the wish of the gods, she leaves. Timone is unhappy with Richeza; he sends her away at first. A long argument ensues before Timone accepts Richeza back. Afterwards when he returns to his work of digging, he discovers a hidden treasure.

In the fourth act Fama, who will spread the rumor that Timone has found a treasure, appears in a discussion with Timone. After she leaves, Timone decides to bury the treasure in a tomb in order to hide it from thieves and envious people. One by one, Timone's friends—Gnatomide, Flyade, Demea, Trasycle—appear, each selfishly trying to convince Timone that he should not bury his treasure. Timone, nevertheless, stands fast with the explanation that wealth does not bring happiness. They still persist, promising him rewards and honors, but he refuses all. The treasure continues to be buried in Timone's sepulcher, and it is also learned that Timone's son, Filocoro, is in prison.

Auxilio enters the stage in act 5 to tell the public that Timone is anxious about his treasure. In another scene at the site of the tomb, two of Timone's former servants, Parmeno and Siro, arrive carrying a letter that Timone has written to Filocoro. On the outside are instructions for Filocoro to open the letter ten years hence, and the letter inside reveals the secret of the buried treasure and how to find it. The servants open and read the letter and decide to take the treasure; however, they are encountered by Timone, who is angry. After the servants leave, Timone falls asleep and dreams that he sees two large ants dig at the treasure. Following this scene Auxilio reappears to lecture the audience on the feelings of piety. Then the two servants return, take the treasure, buy Filocoro's freedom, and give him most of the treasure. The play closes giving the audience the impression that Filocoro will squander his riches exactly as his father had done.

The two plots of the Timon story are discernible in Boiardo's play as they are in Lucian's satirical, comic dialogue. The more congenial Timon in the latter play is not a misanthrope, for he does not physically mistreat his former friends and even wants to atone for any part he may have played in allowing the treasure to be used to buy off Filocoro's freedom.

A play similar to Boiardo's *Il Timone* was written in 1497 by Galleotto del Caretto (1455-1530) entitled *Timone*.[22] During the sixteenth century the Timon legend became familiar along with many other stories and characters from antiquity. "The Strange and Beastly Nature of Timon of Athens" is the title of the twenty-eighth novel in the first volume of William Painter's *Palace of Pleasure*, written in 1566. Based on Plutarch, the story contained in the novel is as faithful a translation as that which Sir Thomas North made thirteen years later.[23]

Both the Elizabethan and Spanish Golden Age theater were

Introduction developed almost in the same period and under similar circumstances, and their playwrights drew upon sources and models from the Italian Renaissance. It is small wonder then that both Shakespeare and Lope de Vega wrote plays making use of the Timon legend, each adapting the subject to his own dramatic needs and each revealing in his own way the genius with which he was able to handle historical material.

Shakespeare's *Timon of Athens*,[24] written before 1608,[25] is an intense psychological drama. Its main character, the rich Lord Timon, has dreams of grandeur. Surrounded by a multitude of flatterers, this patron of the arts squanders his treasures even though the cynical Apemantus scoffs at the motives of Timon's easily won friends, and his major-domo, Flavius, tries uselessly to restrain him from living extravagantly. In a burst of generosity Timon pays Ventidius' ransom, donates a fortune as a dowry to one of his servants, and gives precious stones away to his guests at banquets.

When Timon's suspicious creditors press him to pay his debts, he finds out that not only is he ruined but without credit, since the senate of Athens has refused to give him a loan. Assuming that everyone is as liberal and generous as he has been, he asks for help from his protégés, who fail him. Dismayed at this selfishness and ingratitude, he realizes the worthlessness of his protégés' friendship and begins to hate everyone.

Hungry for revenge, Timon invites his former friends to a banquet at which he serves lukewarm water, and throws it into their faces, cursing them for their faithlessness. The former philanthropist shows himself now to be a misanthrope, hating the Athenians and accusing them of causing his unhappiness. He leaves the city to lead the life of a hermit in a cavern at the seashore, where, looking for roots to eat, he finds a hidden treasure.

Meanwhile the ingratitude of the Athenians is manifested once again when Alcibiades, a famous general and true friend

Introduction

of Timon, is banished from Athens because of his insistence on saving one of his soldiers who was condemned to death. Alcibiades swears to avenge himself, gathers his dispersed soldiers, and marches against the city. On his way he passes near Timon's cave. Grieved at his friend's miserable appearance, Alcibiades, with a truly friendly gesture, offers him gold in spite of the fact that his soldiers have deserted him for not being paid. After learning the true situation of the general, Timon shares his treasure with him on the condition that Alcibiades will never return to him at the cave. Next Flavius arrives to offer economic help to his former master; however, Timon presents him with an enormous quantity of gold with the restriction that he, too, will never return nor will share it with anyone else.

Nevertheless, the news of Timon's good fortune leaks out and attracts thieves as well as his former friends to the cave. Timon punishes and curses them. Even the senate of Athens asks Timon for economic help in exchange for great honors, but Timon refuses. The Athenian senate is able to negotiate a pact with the general that will permit him to enter the city to take revenge on his and Timon's enemies without involving the innocents. While this agreement takes place, one of Alcibiades' soldiers brings news of Timon's death.

From the outline of *Timon of Athens* it is evident that Shakespeare wrote his play to pursue an idea, and he expresses the theme of the play through a careful characterization of the protagonist. The play follows, in its plot, the structure of Lucian's *Timon, or the Misanthrope* in addition to pertinent elements taken from Plutarch's *Life of Alcibiades*. It shows no direct relationship to Boiardo's *Il Timone*, which is lighter in tone and allegorical. Shakespeare's interpretation of the Timon legend retains more the characteristics found in the works by Lucian and Plutarch.

Lope de Vega was interested in Italian culture and well acquainted with Latin and Italian; consequently, while

Introduction seeking material for his plays, he must have read Boiardo's *Il Timone* or Galleotto del Caretto's *Timone*. Likewise he might have been acquainted with Lucian's dialogue, whose Italian versions and one in French by Filbert Bretin (1582)[26] could have been available to the Spanish poet. Lope de Vega must also have been informed about Timon's proverbial prodigality from Plutarch's *Lives*, whose *editio princeps* was published in Florence in 1517 by the house of Filippo Junta, and whose translation into Latin by Erasmus and others followed shortly. In his treatises on education, Juan Luis Vives warmly recommended the reading of Plutarch.[27]

Synopsis

The poetic style and youthful spirit of the characters in *La prueba de los amigos* make Lope de Vega's play resemble Boiardo's work more than that by Lucian. In the tone and nature of his lavishness, Boiardo's Timon is the model of Lope de Vega's Feliciano; however, such similarity of character is not necessarily the result of imitation.

From the outline of *La prueba de los amigos* it is evident that the dramatist built his play by combining various outside sources with his own interpolations. The main action begins with a scene in which Fabio, Fabricio, Tancredo, and Fulgencio are comforting Feliciano with his servant, Galindo, who is hypocritically bemoaning his father's death. The inheritance left to Feliciano by his miserly father makes him an insincere mourner. The heir suddenly receives many visitors who offer to share his grief by helping him to forget his problems. Tancredo, who has difficulty in expressing his sorrow, chooses to recite a set speech in which he labels Galindo a "Parmeno fiel" (ll. 1–39).

After the departure of their companions, Feliciano and his servant joyfully discuss the inherited thirty thousand *ducados*. The servant cautions his master not to hold his father's

Introduction miserliness against him and not to get too seriously involved in his relationship with a courtesan, Dorotea (ll. 40–140).

In the following scene Feliciano's fiancée, Leonarda, while expressing her sympathy, asks him to honor his promise of marriage, reminding him that he can no longer use his father's refusal as an excuse. Feliciano hedges, saying that his father is not yet cold in the grave. Enraged, the disappointed young woman vows to avenge her lost honor (ll. 141–256). As soon as Feliciano is assured of her departure, he speaks slightingly about women who let themselves be blindly deceived by men because of their desire to marry. Then he turns his thoughts toward the attractive Dorotea and makes plans to meet her soon (ll. 257–348).

Immediately after Clara, Dorotea's maid, has informed her mistress of the death of Feliciano's father, Oliberio, Fernando, Liselo, and Justino, various friends of the courtesan, pay her a visit. In their conversation Dorotea shows her concern for the welfare of her lover, Ricardo (ll. 349–500).

The chat is interrupted by the arrival of Feliciano and Galindo. After dismissing her first guests, the courtesan focuses her attention on Feliciano, for whom she shows unusual concern and loving affection, climaxed by a simulated faint. Galindo's doubts about Dorotea's sincerity are questioned by his master (ll. 501–607).

Outside the men's hearing, Dorotea, with the help of Clara, begins her plan to swindle Feliciano of his inheritance. In a faked, embarrassed manner she lets him know that she has scarely enough food for the dinner she is about to offer him; immediately he sends Galindo away with four *escudos* to obtain enough food for all (ll. 608–625).

During the servant's absence, Feliciano gives Dorotea the rest of the money that he has with him—ninety-six *ducados*—to be used as a dowry for her neighbor and promises to order a bridesmaid's dress for Dorotea (ll. 626–695). Upon Galindo's

Introduction

return, Clara is able to gain his help in a scheme to swindle his master by using a plan similar to that which Sempronio and Celestina employed in a conspiracy against Calisto. When Ricardo arrives at the door, Feliciano and his servant are falsely informed that Dorotea's ill-tempered brother has arrived. They make a hasty departure to seek more help in case of a dangerous confrontation (ll. 696–756). After a short conversation with Ricardo, Dorotea confides in her maid about her irresistible love for Ricardo.

To add to Feliciano's jealousy, Leonarda dresses as a man and meets him as he emerges from Dorotea's house; thus, Leonarda tricks him into believing that Dorotea has another lover. Leonarda meets Ricardo at Dorotea's open door and tells him that she had followed her beloved to spy on him. Seeing her so frightened for fear that her lover may find her and injure her in a fit of anger, Ricardo escorts her home (ll. 757–950).

When Feliciano and Galindo return in the company of Fulgencio and Fabricio, they find Dorotea and Clara alone. Dorotea renews her invitation to dinner; anxious about Ricardo's return, she thinks that a little competition coming from Feliciano would be good for Ricardo.

The opening scene of act 2, three months later, Fulgencio and Ricardo are on their way to visit Feliciano, whose fame for generosity now attracts Ricardo. Recalling the night when he fell in love with Leonarda, Ricardo speaks of the good-natured, liberal Feliciano (ll. 1111–1146). They are cordially welcomed by their host, who is richly dressed and being entertained by musicians. Taking Ricardo into his fold of friends, the philanthropist presents him with valuable paintings (ll. 1147–1238). When Fabricio requests two thousand *reales* to prevent his father's imprisonment for debts in exchange for a golden chain as a guarantee, when Octavio asks for a steed, and the musicians wish for new suits, Feliciano rewards all of them generously; besides he promises to free Tancredo from

Introduction prison. He ignores his servant who sees the danger that his master's conduct will bring (ll. 1239-1406).

Upon learning from her uncle, Faustino, about his plans to marry her to a gentleman, Leonarda informs him of her love for Feliciano. Veiled and unrecognizable, she is left by the disappointed Faustino on the street where Feliciano, Fulgencio, Tancredo, and Ricardo join her. In her conversation with Feliciano, she reminds him of the loyal, loving Leonarda and warns him about the disloyalty of his false friends (ll. 1407-1556).

Also in disguise and in the company of Clara, Dorotea breaks into the conversation and vies for Feliciano's attention. After some verbal contention, the two women tear off their veils to reveal their identities. A painful incident occurs in an ensuing argument when Feliciano slaps Leonarda, who flees followed by the angry Ricardo (ll. 1557-1730).

Another flock of flatterers—Fabio, Tribulcio, and Juan—visit the liberal benefactor, persuading him to endorse a guarantee for ten thousand *ducados*. In another scene Ricardo promises Leonarda to avenge her insult, but she tries to convince him not to. Still afraid for the life of her real lover, Leonarda expresses, after Ricardo's exit, her intention to warn Feliciano about the danger he may meet with Ricardo (ll. 1731-1874).

In the company of Fulgencio, Tancredo, and Galindo, Feliciano once again visits Dorotea, who has already collected over four thousand *ducados* from him, with a generous gift of a precious stone for the purpose of returning himself to her good graces since she appeared to have been disgusted when he hit Leonarda. In the middle of a card game the disguised Leonarda enters and hands Feliciano a note from Ricardo challenging him to a duel.

Act 3 begins with a subplot. While introducing a rich *indiano*, Don Tello, to the supposedly new surroundings and pleasures of Madrid, Fabricio also informs him about its main

Introduction

attraction, the beautiful Dorotea (ll. 2059-2140). On the way to Dorotea's house, they meet Galindo who is seeking help for his master, who, while hiring some men to kill Ricardo, was arrested. After having spent the remainder of his fortune in an unsuccessful attempt to free himself from prison, Feliciano has been left penniless and has been deserted by all his friends; furthermore, his creditors have placed a restraint on his property, leaving him destitute, miserable, and still imprisoned (ll. 2141-2228).

Fabricio sends Galindo away, refusing to give any aid to his old friend and, to add insult to injury, introduces Don Tello to Dorotea. The courtesan, in compliance with Fabricio's will, makes plans to rob the *indiano*, but the audience is informed that this rich man, whose true name is Marbuto, is a thief from Seville who is in league with others to steal Dorotea's money.

Feeling like Job, Feliciano reflects bitterly on the disloyalty of his friends. A law officer, Alberto, finally promises to suborn his release for the sum of five hundred *ducados*. Feliciano's only true friend, his old servant Galindo, willingly goes to solicit a small loan for this amount. He returns the first time from a fruitless mission with letters from Ebandro, Tancredo, and Oliberio, who apologetically refuse to help. Then Galindo is sent to Dorotea with a note in which he promises to pay twice in return for the loan. Excited now over plans to rob Don Tello, the courtesan not only declines his request but rebukes her former benefactor for having given her money in the first place and for his stupidity for wanting his money back—a false accusation, for Feliciano asked for a loan which he would doubly repay (ll. 2375-2578).

Finally Leonarda, as a woman truly in love, disregarding her uncle Faustino's advice, sells her jewels to gather enough money to pay Feliciano's illicit bail. In a disguise she hands six hundred *escudos* to Galindo, who thanks her for her generous gesture. Liseno shows half-friendship by visiting Feliciano in jail and loaning him eight *reales* (ll. 2759-2888).

Introduction

When they leave the jail, Feliciano and Galindo approach Dorotea's house where Don Tello, Friso, Cornelio, and Lerino are in the process of robbing her. The presence of the two men frightens the thieves who are waiting outside for the booty to be tossed through a window. Hampered by the darkness of the night, Don Tello confuses Feliciano and Galindo for his accomplices and hands them Dorotea's jewel–money box. After realizing his error, the thief successfully escapes (ll. 2889–2955).

Feliciano decides to keep this accidentally recovered money —over seven thousand *ducados*—and goes to Leonarda. Learning that it was indeed Leonarda who helped free him from jail, he tells her about the money and they hide it in a well.

Accusing him of helping Don Tello, Dorotea has Fabricio arrested. The play ends happily as Feliciano refuses to help Fabricio, offers a sermon on false friendship to his former friends, announces his decision to marry the loyal Leonarda, and rewards the loyalty of Galindo.

Analysis of the Play and Its Dramatic and Autobiographical Influences

Although suspense is built through cause and effect in both plays, *Timon of Athens* is a work of psychological intensity; whereas, *La prueba de los amigos* was written in a lighter vein. Each is a study of a man of means who is deceived by earthly values; however, the pessimism in the Elizabethan drama is not present in the Spanish play. The structures of both plays are experimental and partly episodic, in part due to the sporadic nature of the sources found in Plutarch, Lucian, and Boiardo.

The differences between the two protagonists can be pinpointed. Timon, the sacrificial figure who refuses to rely on natural limitation, lies in the classical-tragic tradition; whereas Feliciano, who humbles himself through self-denial, is in the

Introduction Christian tradition. After testing idealism, Feliciano experiences its impracticability and through discipline becomes a better man, cured of excessive liberality. Timon, on the other hand, a fool in his generosity, learns nothing from his idealism and kills himself as the consequence of his fatalism.

Treating the Timon story simply, Lope de Vega presents in the first act of his play the joyous life of an inexperienced, dissolute young man. Within Feliciano is the flaw of prodigality; his generosity shows him to be selfish, wanton, ostentatious, and completely bereft of any altruistic love. His naive credulity produces his temporary misfortune. His shortcomings are the result of his inability to control his impulses, which, however, are not of a depraved nature. Feliciano's experience portrays one of the inherent weaknesses of man.

An ideal figure suitable for dramatic experimentation, Timon is molded into the Feliciano who represents his author's search for the absolute values between the ideal and real world. In act 2 when the protagonist's friends desert him in his hour of need, two opposing moral forces are set in direct conflict: friendship and loyalty clash with ingratitude and disloyalty, and the theme that money can only buy false friendship is introduced.

Feliciano's lavishness and the wrongs done him by his friends are a public affair in the play. The same is true of Lucian and Boiardo in their treatment of Timon. Alcibiades is the instrument of revenge and causes the downfall of Athens in the older plays. This is paralleled in Lope de Vega's drama by the chastisement of Dorotea and the arrest of Fabricio (the two who caused his misfortune) by the instrument of public justice. In the Spanish play, furthermore, the poet states that experience in life is a prerequisite for success. Feliciano, the idealist, is drawn into an unreal world but overcomes it, acknowledging Leonarda's love and Galindo's honesty and loyalty. The central idea of the play is expressed

Introduction at its conclusion with the instruction that moderate idealism in the world is utopia, but too much of it is self-destructive.

In the plot of *La prueba de los amigos* there are two weaknesses which Lope de Vega unquestionably inherited from Boiardo's version of the story. The first is that because of the sketchy characterization of Everardo, Feliciano's father, the reasons for Feliciano's prodigality are not firmly established. The only hint of the father's stinginess occurs when Fabricio extends his sympathy to Feliciano (ll. 2-4) and in Feliciano's confession to Galindo (ll. 125-126). From these indirect suggestions the audience may assume that Feliciano's father must have been a misanthropic miser.

The second and most serious weakness lies in the suddenness of the change which the protagonist undergoes. For three-fourths of the play the youth is the wasteful philanthropist, and the quarter that is left is devoted to scenes regarding his imprisonment. Not until the end of the play is the audience confronted with the changed Feliciano, who wreaks vengeance on two of his former friends. Feliciano's sudden change of character is not adequately enough delineated to be psychologically sound.

Well acquainted with Latin literature from his studies in a Jesuit high school, Lope de Vega doubtlessly had read in Latin one of the numerous Spanish sixteenth-century editions of the plays by Plautus and Terence, the earliest of which was published ca. 1555.[28] He was also familiar with their translations and with Italian comedies, many of which were imitations of the Latin comedies. Later in his career, he frequently used dramatic facets of Latin comedy and fitted them to his own needs. Unlike the earlier Roman playwrights, however, Lope de Vega showed less fondness for dualism in the construction of his plots. He also emphasized the foibles of youth and of his time.

In her liaison with three lovers, Dorotea is reminiscent of the disreputable Phronesium in Plautus' play, *Truculentus*,[29]

Introduction in which the trio—the soldier Stratophanes, the country youth Strabax, and the bankrupt Diniarchus—are madly in love. Like the Latin courtesan who fraudulently deceives her lovers the perverted Dorotea treats the lavish Feliciano as a source of her revenue.

Galindo's failure to keep his master from squandering his fortune on Dorotea and his other friends is like the slave Truculentus' attempt to keep harlots from robbing his master, Strabax. Neither the servant in the Spanish play nor the Latin slave succeeds in his actions to stop their respective masters from ruining themselves.

In the farcical subplot in which Feliciano accidentally recovers his lost money from Dorotea, thanks to the robbery of Don Tello who erroneously hands the stolen money back to the real owner, the motive of trickery appears. Many analogies of this type of deception and trickery are to be found in Roman comedy. Feliciano's loss and subsequent recovery of his squandered wealth is patterned after the stealing and possible recovery of Euclio's gold in Plautus' *Aulularia*. Another play by Plautus, *Trinummus*, contains a young man, Lesbonicus, who also squanders his father's fortune. The deception of the swindler who is falsely representing the absent father to provide a dowry for the sister and who is discovered by the father who suddenly returns, provides a typical source of amusement in Roman comedy. Similarly, Don Tello's unsuccessful theft is reminiscent of the trickery of the rogue, Phormio, from Terence's play of the same title, whose villainy helps to solve the problems in the play.

The portrayal of the *demi-mondaine* life in Dorotea's house, with the gambling and lavish supper scenes, is somewhat similar to those in Plautus' *Stichus*.[30] Also, Feliciano's borrowers are reminiscent of Stratippocles' borrowing in *Epidicus* by Plautus.[31]

Another comparison that can be made is that Lope de Vega's use of songs is similar to that of Plautus in the *Menaech-*

mi.[32] Lope de Vega acknowledged his indebtedness to Roman comedy; the subtle reference to Plautus and Terence (l. 2254), although not producing artificial likeness to Roman comedy, shows that the Spanish poet adopted its structural facets.

Lope de Vega also followed, to a certain degree, the Plautine ideas that nature does not corrupt man, that goodness can be made to appear beautiful or ugly under various circumstances and conditions of life, and that the aims of human actions are embodied in the dignity of man. Although goodness is rewarded and evil is chastised and although man can choose which he will do, there is more evil than good in the world. This philosophy, which was predominant in Roman comedy, is evident in *La prueba de los amigos*: on the evil side are the characters who display the undisciplined nature of youth, the lascivious, never-satisfied courtesan, and the unhappy young men looking for excitement; and on the good side, the loyal servant and faithful fiancée.

In addition to earlier literary influences, Lope de Vega drew much from his own life. Contemporary people and events influenced his writing and helped to shape the gradual evolution of style, the variations of interest and temper, and the adaptation of manner to subject matter. Behind Dorotea and Leonarda can be detected the two women in his life. The first, an example of love without marriage, is presented by Dorotea who is juvenile and impetuous. Her characterization gravitates between the poet's infatuation and jealousy for Elena Osorio and his tender passion for Micaela Luján.[33] The second, portrayed by Leonarda, evolved from the poet's marriages to Isabel de Urbina or Alderete,[34] which was established on less passionate feelings and for moral reasons or for the sake of security, and to his second wife, Juana de Guardo, an illiterate daughter of a rich butcher,[35] illustrating marriage without love.

The atmosphere of impropriety in Dorotea's household, and her amorality are reminiscent of Elena's improper behavior,

Introduction her impetuosity, and her illicit relations with Lope de Vega and other lovers. Elena Osorio was a neighbor of his and was the daughter of a theatrical manager, Jerónimo Velázquez, and the wife of a comic actor, Cristóbal Calderón. Their amorous liaisons between 1587 and 1561[36] are suggested in the major action of the play. The poet's desire to avenge his extreme jealousy for her[37] is mirrored in the play when Galindo jestingly reveals Feliciano's jealousy after Dorotea belittles Feliciano (ll. 1961–1966).

In the closing lines of the play one can detect the feeling of sadness that the poet experienced after the death of his first wife, together with his waning interest in Elena about 1595–1596, when he fell in love with an actress, Micaela, whose husband had gone to the West Indies. In those days Lope de Vega's sonnets directed to Camila Lucinda (anagram for Micaela Luján) began to appear.[38] The poet's relationship to Elena was filled with terrible jealousy, was interrupted by her banishment, and finally ended stormily. His relationship with Micaela was peaceful, lacking competition. Yet Elena's image never completely died.[39]

The poet makes direct reference to his peaceful relationship with Micaela in act 2 (ll. 1147–1162), when Feliciano dresses before a mirror held by a page. While another servant is holding his spade and cape and the lackey is cleaning his hat with a brush, two musicians speak of Belardo, one of Lope de Vega's pseudonyms. After a short exchange with Feliciano, the two sing a song, alluding to Belardo's love for blue-eyed Lucinda and their peaceful, amorous relations.

Micaela, on the other hand, must have shown jealousy during the time they lived together. She had motives for her suspicion, since the poet was often absent. He makes allusions to her restrained jealousy in a composed dedication to her:

> Tú conoces, Lucinda, mi firmeza,
> y que es de acero el pensamiento mío

Introduction

        con las pastoras de mayor belleza.
    Ya sabes el rigor de mi desvío
    con Flora, que te tuvo tan celosa,
    a cuyo fuego respondí tan frío; . . .
    Que yo sin atender a mi gobierno,
    no he de apartarme de adorarte ausente,
    si de ti lo tuviese un siglo eterno.[40]

Similarly, Dorotea, resentfully suspicious of Leonarda, jealously demands exclusive loyalty from Feliciano in a somewhat roguish manner (ll. 1931–1933).

The enthusiasm that Fulgencio and Ricardo share in their conversation about Lucrecia's portrait by Urbina (ll. 1127–1128) reflects the esteem that Lope de Vega must have had for Felipe de Liaño's portraits of Elena Osorio and Isabel de Urbina.[41] The name of the painter in the play indicates that the poet had the maiden name of his first wife in mind. Furthermore, Ricardo's remark about the slave behind the curtain in the portrait makes allusion to the fact that Feliciano is regarded as the slave of Dorotea, just as Lope de Vega, in life, realized himself to be the slave of Elena.

The character of Ricardo in the play might have been drawn up from the poet's experiences with Elena's and Micaela's husbands. The characteristics of the two men are merged into this gigolo and pander, who, by his absence, encourages other suitors to be attracted to Dorotea. Elena's life with her ever-absent husband, Cristóbal Calderón, was similar to that of Ricardo's with Dorotea.[42] The life of Diego Díaz, Micaela's husband, who went alone to Peru in 1596 and died there in 1603,[43] is also paralleled by Ricardo who dies in the play by Feliciano's hand (ll. 2174).

Dorotea's flirtation with Don Tello (l. 2341) reveals another autobiographical incident in the poet's life. Jerónimo Velázquez, who needed Lope de Vega's plays for presentations, tolerated the love affairs of his married daughter with the poet and others. The poet, however, soon enviously discovered that he had a strong rival in a nephew of the cardinal, Francisco Perrenot de Granvela, who enriched Velázquez' pockets also.[44] Lope de Vega's libels directed in 1587 and 1588 against Elena's family and Granvela ended in the poet's trial, imprisonment, and banishment, during which his rich, talented, and temperamental rival was alone with Elena. The poet's unfortunate experiences are paralleled exactly in Feliciano's imprisonment and in Don Tello's cunning influence and love affair.

Feliciano's relationship with Galindo, which resembles that of a *galán* and his *gracioso*, bears some resemblance to the comradeship that existed between Lope de Vega and Claudio Conde. Both went together to take part in the Spanish Armada, and their friendship lasted until the end of their lives.[45] The way in which Galindo exhibits his loyalty to Feliciano, even though all other friends except Leonarda had abandoned him, is similar to the manner in which Claudio Conde helped his companion before and after his imprisonment. The playwright must, in part, have formed Feliciano with Claudio Conde in mind. Born in 1568, Conde was orphaned on March 25, 1568, and, like Feliciano in the play, lavishly wasted the fortune left by his parents in a Bohemian way of life.[46]

The liberal life that Feliciano leads, surrounded by a group of Bohemians such as Fabio, Fabricio, and Tancredo, is reminiscent of Lope de Vega's manner of living when he kept company with a theatrical manager—Gaspar de Porres, a *contador* Gaspar Barrionuevo,[47] Claudio Conde, Melchor Prado, Luis de Vargas, Félix Arias Girón, and Juan de Chaves.[48]

The sporadic appearance of Alberto the *procurador* as the law officer, who illicitly solicits five hundred *ducados* from Feliciano in order to suborn Feliciano's release from prison, resembles an incident in Lope de Vega's life when the boastful constable and personal friend of the poet, Juan de Chaves, arrested Isabel de Alderete at her home in the name of justice but took her to the poet's place of refuge near the Tajo River.[49]

Another comparison between Lope de Vega's autobiographical novel, *Dorotea*, written many years later, and *La prueba de los amigos* cannot go unnoticed. While both works are concerned with the same set of events and correspond in a number of details, the novel is somewhat refined because the poet's emotions had mellowed by the time he wrote it. The play, written at the time when Lope de Vega was involved in these affairs is coarse in tone, is exaggerated in picaresque fashion, and shows more spite, especially toward the courtesan.

The heroes in both works, who show themselves to be indifferent to unchallenging love affairs, are attracted to more difficult, illicit love affairs. Both are given money by their true lovers—in *Dorotea*, Fernando begs money of Marfisa on the pretext that he is a fugitive from justice, whereas he is really running away to Seville to get away from his other mistress. Marfisa believes his outrageous lie and gives him her jewels.

The Fabricios in both works prove themselves to be the most false friends of the heroes. In the novel Fabricio reveals to Marfisa the true reason of Fernando's flight to Seville. Also, similar to the play, in *Dorotea* Ricardo is Dorotea's absent *indiano* husband, who is killed, although not by the hands of the hero. In both works a rich *indiano* is presented as a suitor of Dorotea. Both Doroteas play the role of the courtesan: the one in the play is coarse, selfish, and calculating, whereas in the novel she is weak but has freshness and charm.

Both heroines faint at the first meeting with their lovers, although one is simulated while the other is real. Also the two heroes administer slaps; in the play the recipient is the faithful mistress, but in the novel it is the false mistress. An amusing part of each work is the incident when the rival mistresses are brought together; one is a refined verbal passage while the other has the air of a street brawl between two fishwives.[50]

Introduction   In regard to its artistic conception and plot, *Dorotea's* archetype was *Celestina* (1499), and, to a certain degree, the poet's indebtedness to this earlier work can be seen in *La prueba de los amigos*. At the beginning of act 1 the casual mention of Parmeno induces the supposed knavery of Galindo, Feliciano's faithful servant (ll. 35–38). The direct allusion to *Celestina* occurs in the passage (ll. 716–733) when Galindo, against his will, finally consents to Clara's proposition to cheat his own master, thus alluding directly to Parmeno and Celestina's agreement. Don Tello's fruitless attempt to steal the money that Dorotea had stolen from Feliciano recalls Sempronio and Parmeno's theft of Celestina's golden chain, an award that she earned from Calisto for her role as a go-between. While the felonious action of the two *pícaros* ends tragically with their deaths, in Lope de Vega's interpretation of the episode it is twisted to provide a humorous ending.

In the character of Dorotea, the Spanish poet incorporated the spiritual traits of the cunning procuress, Celestina, and the youthful features of Areusa and Elicia, the attractive courtesans. Coming from a well-to-do family, Feliciano reminds one somewhat of the young Calisto. Romantically attached to their ladies in their illicit relations, both are punished for their transgressions of social law; however, Calisto's castigation is tragic, while Feliciano's results in a second chance.

Lope de Vega's indebtedness to exemplary literature is also evident in this play. The Oriental exemplary stories, brought during the seven centuries of Moorist occupation, enriched Spanish thought with a direct view of life that has pervaded its literature ever since. Tales that came from Oriental culture had been collected by Infante Don Juan Manuel in his book, *El conde Lucanor* (ca. 1335), and the themes of these tales had traveled for centuries through the folklore and literature of Europe, lending themselves admirably to the dramatists of the seventeenth century in Spain and elsewhere. Drawing upon them, Shakespeare wrote *The Taming of the*

Introduction   *Shrew*, Alarcón composed *La prueba de las promesas*, and Lope de Vega wrote *La prueba de los amigos*.

The general design of Lope de Vega's play, as he states through Don Tello: "*[Feliçiano] da exenplo en los amigos*" (l. 2268), appears to have been based on the theme of the prudence of testing friendship. Its title could have come directly from the forty-eighth story in *El conde Lucanor*, entitled "De los que contesció a uno que probaba sus amigos,"[51] otherwise known under the title, "La prueba de la amistad."

In Don Juan Manuel's story a young man, who is taught to be friendly, boasts to his father of having at least ten friends who would give their lives for him. The astonished aged father, who is certain of having only one and a half friends, asks his son to examine their faithfulness as friends by killing a hog, putting it in a sack, and going to each of his friends, one by one, telling them that he needs to dispose of a human body. Upon doing this, the son discovers that all of his friends show themselves to be disloyal except one, who passes the test of friendship by offering to help. Lope de Vega's indebtedness to this exemplary story is seen in Feliciano's advice, "Hombres, quien tiene un amigo / bueno . . . conserbe bien su amistad" (ll. 2522–2524), revealing the dramatist's source: "un buen amigo" from the story in *El conde Lucanor*. Moreover, Liseno, who gives Feliciano only eight *reales* when asked for help (l. 2826), personifies the half-friend of the father in the exemplary story.

Lope de Vega, who always held the codes of friendship in high esteem, put friendship to a test in his play. All his characters except Leonarda and Galindo defend their selfish acts with many reasons and refuse to see any ethical form of friendship. Their cold, well-calculated game never includes generosity or sacrifice.

Theme and Dramatic Technique

The main motif of this play is the power of money. In this comedy of manners Feliciano's guests are attracted by his

Introduction

recently acquired inheritance and with his money he gains the favor of a courtesan. Feliciano is not prosecuted for the murder of Ricardo and Don Tello's robbery of Dorotea goes unpunished—all because enough money is offered the *Justicia*.

The theme of friendship is interwoven with the main motif. In Feliciano's paraphrase of a biblical passage "mayor ventura / es el dar que el reçivir" (ll. 1495–1496), in Galindo's biting speech: "¡que es lindo amigo el dinero! / Gasta, cobra amigos, da, sé liberal, noble, honrrado; / quien da, solo es estimado: / çercado de amigos va" (ll. 340–344), and in Ricardo's exclamation: "¡O gran dinero! / No dudes que el dinero es todo en todo: / es príncipe, es hidalgo, es caballero; / es alta sangre, es desçendiente godo" (ll. 1139–1142), as in Quevedo's satirical *letrilla*: "El poderoso caballero es don Dinero," money is both extolled and condemned as a good friend and helper which can change the world.

The action of the play is compact; there are few digressions. Suspense is maintained until the denouement which is a complete reversal. Feliciano castigates Fabricio, is reconciled with Leonarda, and breaks with Dorotea—all actions which give the play a proper moral ending.

Disguises, recognitions, and surprises contribute much to the intrigue of the play and, at the same time, supply the main entertainment for the spectator. The play's multiple scenes, typical of the city life, harmonize with the character of the *capa y espada* play. Honor is not exalted in the usual manner because of the demimonde environment of the play and the picaresque nature of the great number of its characters. In the first half of the play Feliciano's protégés assume the posture of reliable people, guided in their actions by honor; however, when their benefactor turns to them for help, they uncover their *pícaro* natures. At the play's end, Fabricio's and Dorotea's undoing and her loss of Ricardo imply that seldom does honor exist in the underworld.

Introduction *Poetic Language and Versification*

In its metaphoric language, the poetry of *La prueba de los amigos* has dramatic or lyric moods. In this play Lope de Vega's dramatic poetry also displays a narrative or expository style, which is expansive rather than compacted and which seldom crumbles under the influence of the baroque dark conceits, allegories, and periphrases.

In a lively, animated style, so characteristic of Spaniards, Lope de Vega expressed his sentiments in narrative or conversational form as a kind of expandable filling exposing various types of material: a set speech (ll. 1072–1106, 1783–1803, 3059–3075); a passion (ll. 793–806, 2375–2388); four letters in prose; an interpolated comic routine by means of the farcical actions of the *gracioso* (ll. 56–60, 2626–2630, 2669–2675); allusions to mythology (to Cirçe: l. 1033, to Midas: l. 1060); to Roman history (to Cómodo, Nerón, and Eliogávalo: l. 2833); to Spanish history (Albaro de Luna: l. 1381, Bellido [Dolfos]: l. 2504); to literature (*Orlando Furioso*: l. 744, *Celestina*: l. 1985); to proverbs: (ll. 434–436, 2723–2724); and occasional autobiographical references: (ll. 1147–1162, 2543–2544).

The agility of the poetry in the play is especially evident in the dialogue. In its serious scenes the mood of the play is matched by the corresponding verse form: the *redondilla*. Metrically varying verses are rare, found in only two *redondillas* (ll. 1147–1150; 1159–1162). The purposeful use of this harmonious, rhythmic meter, which constitutes over 90 percent of the play, is suitable for the rapid conversation and the series of debates that develop the theme of friendship. Lope de Vega was a master in his use of the *redondilla*. Used less skillfully it might have been monotonous; however, in this play it is not.

The opening scene of act 2, in which Ricardo and Fulgencio are engaged in a narrative conversation, is strangely assigned to the *octavas reales* verse form, which is usually employed when

Introduction heroic conduct is solemnly depicted. The passage would have been more appropriate in the *romance* meter, which is completely absent from the play.

The inclusion of two sonnets, the *versos sueltos*, and the four letters in prose brings contrast to the play. Infrequently employed in Spanish Golden Age drama, the epistolary form in this play displays in its diction and conciseness Lope de Vega's talent as an accomplished letter writer, since he was the devoted secretary of the Duke of Osuna and others.

Tables of Versification

Table I
VERSE FORMS

Act	Inclusive Lines	Verse form	Total Lines
I	1–792	redondillas	492
	793–806	sonnet	14
	807–1010	redondillas	204
II	1011–1146	octavas reales	135
	1147–2058	redondillas	912
III	2059–2374	redondillas	315
	2375–2388	sonnet	14
	2389–2444	redondillas letter in prose	56
	2445–2456	redondillas letter in prose	12
	2457–2480	redondillas letter in prose	24
	2481–2524	redondillas	44
	2525–2562	versos sueltos	38
	2563–2686	redondillas letter in prose	124
	2687–2798	redondillas	112
	2799–2888	versos sueltos	90
	2889–3112	redondillas	224

Tables of Versification

Table II

NUMBER OF LINES IN EACH VERSE FORM

Verse form	Total	Percent
redondillas	2,820	90.6
octavas reales	136	4.3
versos sueltos	128	4.1
sonnets	28	0.9
		99.9

Notes to the Introduction

[1] A. *Colección de libros españoles raros o curiosos: Comedias inéditas de Frey Lope de Vega Carpio*, ed. Sancho Rayón el Marqués de la Fuensanta del Valle (Madrid: Rivadeneyra, 1873), 6: 237–359. In his introductory "Advertencia Preliminar," Sancho Rayón states that he reproduced the text of his edition of *La prueba de los amigos* from a single copy made by Agustín Durán; in Rayón's edition, one hundred twenty-eight verses of the play are omitted. B. *Obras de Lope de Vega*, ed. Justo García Soriano (Madrid: Real Academia Española, 1929), 11: xii–xiv, 99–136. C. *La prueba de los amigos*, ed. Lesley Byrd Simpson (Berkeley: University of California Press, 1934). D. *La prueba de los amigos* (Madrid: Blass, 1963 [Instituto de España]). E. *Obras escogidas de Lope de Vega*, 4th edition, ed. Federico Carlos Sáinz de Robles (Málaga: Aguilar, 1964), 1: 1415–1439.

[2] *Publications in Modern Philology* (Berkeley: University of California Press, 1930), 14(6): 367–376.

[3] The percentage of some verse forms in *La prueba de los amigos* made by M.S. Griswold and Bruerton in *The Chronology of Lope de Vega's Comedias* (New York: Modern Language Association of America, 1940), p. 24.

[4] Marcelino Menéndez y Pelayo places *La prueba de los amigos* in the class of *novelesque* plays or plays of *costumbre*. *Obras escogidas de Lope de Vega*, p. 1415, n. 1–E.

[5] Sylvano Griswold Morley, *Lope de Vega's "Peregrino Lists,"* *Publications in Modern Philology* (Berkeley: University of California Press, 1930), 14(5):362.

[6] Justo García Soriano, ed., *Obras de Lope de Vega*, xi:xiv.

[7] In *Anthony*, Plutarch devoted chapter 70 to a sketch of Timon, the man, and in *Alcibiades* he dedicated paragraph four of chapter 16 also to him. *Plutarch's Lives*, trans. Bernadotte Perrin (Cambridge: Harvard University Press, 1950), 9:297–301; 4:43.

[8] Richmond Y. Hawthorn, *Classical Drama* (New York: Crowell, 1967), p. 332.

[9] Julius Leopold Klein, *Geschichte des Dramas* (Leipzig: T. O. Weigel, 1865), 2:73.

[10] Ibid., p. 214.

[11] John Edward King, trans. (London: William Heinemann, 1950), pp. 352–355.

[12] William Armistead Falconer, trans. (London: William Heinemann, 1927), p. 195.

Notes to the Introduction

[13] L. Annaei Senecae ad Lucilivm *Epistulae Morales*, ed. Leighton Durham Reynolds (Oxford: Scriptorum Classicorum Biblioteca Oxoniensis, 1965), 1:48.

[14] Harris Rackham, ed. (London: William Heinemann, 1952), pp. 133, 195.

[15] Horace L. Jones, trans., *The Geography of Strabo* (London: William Heinemann, 1917).

[16] James H. Mantiband, *Concise Dictionary of Greek Literature* (New York: Philosophical Library, 1962), p. 243; Johann Joachim Eschenburg, *Manual of Classical Literature* (Philadelphia: Fortescue, 1878), p. 493.

[17] Austin Morris Harmon draws these suppositions concerning Lucian's conception of his work. *Lucian* (London: William Heinemann, 1939), 2:325.

[18] Francesco Torraca, ed., *Teatro Italiano dei Secoli XIII, XIV e XV* (Florence: G.C. Sansoni, 1885), pp. 337–413.

[19] Ibid., p. 337.

[20] Harmon, p. 333.

[21] Ecrecratide fo Colytiese,
    Nato in Atene e di sangue gentile;
    Ma gentileza ponto non aprese,
Perchè, lasciata ogni opera virile,
    Solo a far roba pose la sua cura,
    Discernendo el menuto dal subtile;
E, con affanni, inganni e con usura,
    (Che altrimente al dí de hoggi non se acquista),
    Divenne richo fuor de ogni misura.
Richo a sè solo, e poverello in vista,
    Veniva da ciascun mostrato a dito
    Per la miseria sua dolente e trista.
Così serbò el tesor che aveva unito:
    Nè già mai lo acquistato se mantiene
    Da cui non pone freno a lo appetito.
Hor, come sempre a tal cosa interviene,
    Morte occupò Ececrhatide in tristitia,
    Passando el spirto doloroso in pene:
E lo herede rimase con letitia;
    Questo è Timon, da lui nato e disceso,
    Che aponto alhor usciva di pueritia.

Notes to the Introduction

>Nè ancora havendo per la per la età compreso
>   Come si fa la libra ad oncia ad oncia
>   E de la libra poi se aduna el peso,
>Tenendo spesa inordinata e sconcia
>   Procurò sí, per quella hereditate,
>   Che adiudicata fu sanzia prononcia.
>Non se avedendo prima, come accade,
>   Di habondante divenne bisognoso,
>   Di bisognoso cade in povertade.
>Venuto al fin mendico e vergognoso,
>   Vien da color schernito e discaciato
>   Che per lui richi vivono in riposo.
>Tutto el thesor, che el patre havea lassato,
>   Pallagi e ville e gran possessione,
>   Donando a questo e a quello, ha consumato;

Teatro Italiano dei Secoli XIII, XIV e XV, pp. 338–339 (ll. 1–36).

[22] Umberto Renda, Pietro Operti, and Vitorio Turri, eds., write that this drama is a modern version of Lucian's *Dialogue* written almost entirely in royal octave. *Dizionario Storico della Letterature Italiana* (Torino: Paravia, 1951), p. 248.

[23] Ernest Hunter Wright, *The Authorship of "Timon of Athens"* (New York: Columbia University Press, 1910), p. 12.

[24] Harold James Oliver, ed. (Cambridge: Harvard University Press, 1959).

[25] Boris Ford, ed., *The Age of Shakespeare* (London: Cassel, 1961), 2:92; Edmund Kerchever Chambers, *William Shakespeare* (Oxford: Clarendon Press, 1930), 1: 480–484. According to Francelia Butler, critics disagree about when *Timon of Athens* was written; a few believe the play belongs to the end of the Elizabethan period, or ca. 1602, while others others believe that it was written between 1605 and 1608. *The Strange Critical Fortunes of Shakespeare's "Timon of Athens"* (Ames: Iowa State University Press, 1966), p. 170.

[26] Chambers, p. 484.

[27] Foster Watson, *Vives and the Renascence Education of Women* (New York: Longmans, 1912), pp. 39, 79, 147, 204, 249.

[28] *Catálogo de la Biblioteca de Salvá*, 1:483, no. 1356. Cf. Antonio Palau y Dulcet, *Manual del librero hispano-americano* (Barcelona: Librería Anticuaria, 1923), 6:127.

[29] George E. Duckworth, ed., *The Complete Roman Drama* (New York: Random House, 1942), 2:92–135.

Notes to the Introduction

[30] Ibid., 2:2–38.

[31] Ibid., 1:392–433.

[32] Ibid., 1:447–462.

[33] Joaquín de Entrambasaguas has pointed out that Lope de Vega was making autobiographical reference to his relationship with Elena Osorio and Micaela de Luján in his poetic conception of Camila Lucinda in *La hermosura de Angélica*, written in 1602: "además de haber varios rasgos autobiográficos de Lope de Vega y de prolijas alusiones, ya muy estilizadas, a los amores del poeta con Elena Osorio, existen asimismo otros pasajes relativos a Camila Lucinda, lo cual indica que hubo interpolaciones cuando el Fénix tenía fija en su mente y en su alma la pasión que le dominaba por Micaela de Luján." *Vivir y crear de Lope de Vega* (Madrid: Consejo Superior de Investigaciones Científicas, 1946), p. 230. Also Ricardo del Arco y Garay finds in more than twenty plays by Lope de Vega echoes of the poet's relation with Elena Osorio. *La sociedad española en las obras dramàticas de Lope de Vega* (Madrid: Real Academia Española, 1941), pp. 174–215.

[34] "Doña Isabel de Urbina y Doña Isabel de Alderete son una sola y misma persona, la primera mujer de Lope. . . . Los amores de Lope con la que fue su primera mujer [Isabel de Urbina y Alderete] empezaron cuando los que sostenía con Elena Osorio entraron en el período de los obstáculos y razonamientos; y crecieron y se desarrollaron conforme decrecía e iba a menos la pasión de Lope por Filis [Elena]. . . . La persecución de los Velázquez contra Lope hizo que éste llegó a convencer a Doña Isabel de que era necesario se dejara robar; burló la vigilancia de los Urbinas verificando este rapto; sufrió por esta razón nuevo proceso; casóse con D. Isabel en 10 de mayo de 1588 y lo que parece increíble, partió a los muy pocos días de casado para embarcarse en la *Invencible*, que zarpó de Lisboa el día 29 del mismo mes, dejando en el mayor abandono a quien tanto había sacrificado por su amor." Anastasio Tomillo and Cristóbal Pérez Pastor, *Proceso de Lope de Vega* (Madrid: Fortanet, 1901), pp. 237, 247.

[35] "Lope casó con Juana de Guardo en 1598. . . . En trece de Agosto de 1613 años murió Doña Juana de Guardo, casada con Lope de Vega, en la calle de Francos [en Madrid]." Ibid., pp. 231, 250–252.

[36] "De su matrimonio con Inés Osorio [Jerónimo Velázquez] tuvo dos hijos, Damián y Elena; . . . [Elena] casó con Cristóbal Calderón

Notes to the Introduction

en 1576. Poco después de esta facha, y teniendo Lope de Vega unos 17 años, se enamoró ciegamente de Elena Osorio, a quien, aunque casada, cantó y celebró en innumerables versos." Ibid., pp. 81–82.

[37] "Celos horribles atormentaban a Lope de Vega, cuyo carácter altivo no se amoldaba a desempeñar un papel tan poco airoso ante Filis [Elena Osorio], cuyo amor había llenado su alma, y con respecto a sus amigos y al público de cuyo dominio eran hacía tiempo sus relaciones amorosas con Elena Osorio. . . . Pero [además de dedicarse a más fáciles amores] la fiebre de los celos iba en progresión creciente, bien pronto llegó al período álgido de las venganzas contra Elena y toda su familia. Sucedió esto hacia la mitad del año 1587, en cuya época dio Lope en mostrarse enemigo del dicho Jerónimo Velázquez e hazelle malas obras . . . y sin otro consejero que la venganza, compuso contra la familia de Jerónimo Velázquez unas sátiras en las cuales [produjo] una furiosa tempestad que vino a descargar sobre su propia cabeza en forma de proceso, prisión, vejaciones y destierro de la corte." Ibid., pp. 124–125.

[38] Alonso Zamora Vicente, *Lope de Vega* (Madrid: Gredos, 1961), p. 62.

[39] Ricardo del Arco y Garay, p. 174; José Manuel Blecua, ed., *La Dorotea de Lope de Vega* (Madrid: Revista de Occidente, 1955), p. 35.

[40] Entrambasaguas, pp. 227–228.

[41] "[Lope de Vega] encargó a su buen amigo el pintor Felipe de Liaño, que en otros tiempos retratara a Elena Osorio, una pintura donde apareciera Isabel de Urbina como si aún viviese." Ibid., p. 162.

[42] Tomillo and Pérez Pastor, pp. 206, 218, 219, 221.

[43] Hugo A. Rennert and Américo Castro, *Vida de Lope de Vega* (Madrid: Imp. de los Sucesores de Hernando, 1919), p. 103.

[44] Zamora Vicente, pp. 44–45.

[45] Tomillo and Pérez Pastor, p. 235.

[46] Ibid., pp. 233–234.

[47] "Gaspar de Porres, autor de comedias . . . trabajó con su compañía en los teatros de la corte y de otras villas y ciudades los últimos decenios del siglo XVI y primero del XVII . . . tuvo grande y no interrumpida amistad con Lope y éste le correspondió con igual lealtad prefiriéndole muchas veces al dar las nuevas comedias. . . . Estando en Toledo recibió el poeta la noticia confusa de que en Sevilla, Lucinda había enfermado y para enterarse de un modo

Notes to the Introduction

discreto escribió un soneto a su buen amigo Gaspar Barrionuevo, que residía en la ciudad del Betis, expresándole la triste situación de su ánimo al acabar el año 1602." Ibid., pp. 229, 258. "En Valencia Lope confiaría sus disgustos a su íntimo amigo el contador Gaspar de Barrionuevo." Entrambasaguas, p. 201.

[48] Luis Astrana Marín, *Vida Azarosa de Lope de Vega*, 2nd edition (Barcelona: Editorial Juventud, 1941), pp. 93-95.

[49] Ibid., p. 94.

[50] Simpson in "The Sources of Lope de Vega's *La prueba de los amigos*," pp. 374-376, n. 2, makes these comparisons between *Dorotea* and this play.

[51] Don Juan Manuel, *Escritores en prosa anteriores al siglo XV, Libro de Patronio* (Madrid: Ediciones Atlas, 1952, Biblioteca de Autores Españoles), 51:418-419.

La prueba de los amigos [1r]

Comedia famosa
Passa en Madrid

Agustín Romero. [1v]

Juan Núñez.   Ricardo.   [2r] P.

Las personas d'este acto primero: [3r]

Fabio.   Clara.
Fabriçio.   Oliberio.
Tancredo.   Fernando.
Fulgençio.   Liselo.
Feliçiano.   Justino.
Galindo.   Ricardo.
Leonarda.   Un criado.
Dorothea.

ACTO PRIMERO [4r] P.

Entren Fabio, Fabriçio, Tancredo, Fulgençio y otros, de acompañamiento, y Feliçiano, con un luto; y detrás de todos Galindo, lacayo, con otro luto a lo graçioso.

FABIO. Téngale Dios en el çielo,
que, juzgando por sus obras,
mexor padre, muerto, cobras
que le perdiste en el suelo;
    tales fueron sus costumbres,   5
que pienso que, desde aquí,
le puedes ver como allí
se ven las çelestes lumbres.

FULGENÇIO. En mi vida supe yo
dar un pésame, Tancredo.   10

TANCREDO. No me dio cosa más miedo,
ni más vergüenza me dio.
    ¿Cómo diré que, en rigor,
de consuelo le aprobeche:
"¿vuesa merzed le deseche   15
por otro padre mexor?"

FULGENÇIO. Eso fuera desatino;
óyeme y ymita luego.

TANCREDO. ¿En fin, vas?

FULGENÇIO.   Temblando llego.
Como el gran padre divino   20
  lo es de todos ynmortal,
consuelo podéis tener,   [4v]
que os ha de faborezer,
Feliçiano, en tanto mal;
    su falta se recupera   25
con poneros en su mano.

FABRIÇIO. No es posible Feliçiano
que en vos Everardo muero,
  quedando tan vivo en vos,

	que soys su traslado çierto;	30
	pero guárdeos Dios, y al muerto	
	téngale en su gloria Dios.	
FULGENÇIO.	¿Aún no llegas?	
TANCREDO.	No he podido	
	sujetar mi mal humor;	
	dar el pésame es mexor	35
	d'este ypócrita fingido,	
	a este alcagüete vellaco,	
	a este Pármeno fiel,	
	que yo me avendré con él.	
FULGENÇIO.	¿Va el pésame?	
TANCREDO.	Ya le saco.	40
	Señor Galindo, ya es muerto	
	su padre de Feliçiano;	
	que vos quedáis, es mui llano,	
	por su padre ...	
GALINDO.	Si, por çierto.	
FULGENÇIO.	Sacad del capuz la cara.	45
GALINDO.	Mejor está en el capuz,	
	pues ha faltado la luz,	
	que oy nos dexa y desampara.	
	¡Ay, mi señor Everardo!	
	¿Dónde hallaré tal señor?	50
TANCREDO.	Su hijo tiene balor	[5r]
	y es caballero gallardo;	
	mexor amparo tenéys,	
	buen dueño habéis heredado.	
GALINDO.	Todo a todos ha faltado.	55
	¡Triste de mí!	
TANCREDO.	No lloréys.	
GALINDO.	Yo lloro con gran razón;	
	el pan a llorar me muebe.	
TANCREDO	Mexor el diablo le llebe	
(Aparte).	que lo siente el vellacón.	60

FABRIÇIO.	Quedad con Dios, Feliçiano,	
	y pues que soys tan discreto	
	con sentimiento secreto	
	dad al público de mano;	
	prudente soys, esto basta.	65
FULGENÇIO.	Adiós, Feliçiano.	
FABRIÇIO.	Adiós.	
FELIÇIANO.	Con todos baya.	
TANCREDO.	Y con vos quede.	
GALINDO.	Lindo humor se gasta.	

Vanse.

[Escena 2]

FELIÇIANO.	¿Fuéronse esos maxaderos?	
GALINDO.	Ya la escalera trasponen.	70
FELIÇIANO.	Los hábitos me perdonen.	
GALINDO.	Todos naçimos en cueros;	
	éstas son borracherías	
	que el loco mundo ha inventado.	
FELIÇIANO.	El lutazo me he quitado.	75
GALINDO.	Yo, las mortíferas chías;	
	salgo de la negra tumba	
	como espada de la vayna.	
FELIÇIANO.	Aquí la tristeza amayna.	
GALINDO.	El retintín me retumba	80
	de un poquito de chacona.	[5v]
FELIÇIANO.	No bayles, Galindo, tente	
	que no quiero que la gente	
	murmure de mi persona.	
GALINDO.	Calla, señor, ¡pesia mí!	85
	¿Es la ventura que ves	

	para que puedan los pies	
	tener sufrimiento aquí?	
	Quando tiene un enemigo	
	un hombre, y se muere o va,	90
	¿no se alegra?	
FELIÇIANO.	Claro está.	
GALINDO.	Pues si está claro, eso digo,	
	¿Qué enemigo capital	
	como el viejo que oy te falta?	
	Bayla, brinca, tañe, salta.	95
FELIÇIANO.	Fue padre, y haremos mal.	
GALINDO.	¿Qué más quieres que viviera?	
	¡Ojalá lleges allá!	
	Con quatro sietes se va;	
	mira si es mala primera.	100
	Es bueno, yo lo confieso;	
	pero que oy vive ymagina,	
	y por tus gustos camina,	
	verás lo que siente en esso:	
	ni tendrás solo un real,	105
	ni de libertad un ora;	
	mira si truecas agora	
	en tanto bien tanto mal.	
	Treynta mil ducados dexa,	
	que, si va a dezir verdades,	110
	treynta mil neçesidades	[6r]
	te lastimaban la oreja,	
	y éstas todas las remedias.	
	¿Era mexor, Feliçiano,	
	ser por puntos çirujano	115
	de los puntos de tus medias?	
	¿Era mexor no tener	
	que gastar con Dorothea	
	para que quien la dessea	
	la pueda a tus ojos ver,	120

	y aun gozalla, como sabes?	
FELIÇIANO.	Calla, no me digas esso;	
	perderé, Galindo, el seso	
	antes que de hablar acabes.	
	Diez años antes quisiera	125
	que fuera muerto el que ya,	
	como tú dizes, se va	
	con tan hermosa primera.	
	Si un hijo del viento gasta,	
	y no ay más que la comida,	130
	en el juego d'esta vida	
	a un padre rico bien basta	
	que a siete y seis entre un as;	
	que es lástima envejezer	
	un hijo mozo, y tener	135
	muchas vezes treynta y más.	
	Pero gente suena; toma	
	el capuz, ¡pesia a mi mal!	
GALINDO.	¡Otra vez tumba mortal!	[6v]
FELIÇIANO.	Son chapines.	
GALINDO.	Manto asoma	140

[Escena 3]

Leonarda, dama.

LEONARDA.	Aunque no era, Feliciano,	
	esta ocasión para verte,	
	al pésame de la muerte	
	de un padre noble y ançiano,	
	bien puede benir Leonarda,	145
	con la justa pretensión,	
	que más de tu obligación	
	que de tus prendas aguarda.	

Quanto a ser tu padre el muerto,
Dios sabe que me ha pessado; 150
no quanto a haberle culpado
en nuestro justo conzierto,
   del qual sospecho que agora
tendrás memoria y de mí,
que por darte gusto fui 155
a yguales padres traydora.
   Que si él, como tú deçías,
tu casamiento estorbara
quando con él se tratara,
y su aspereza temías, 160
   ya no podrás, Feliçiano,
huir el rostro a mi honor,
muerto aquél cuyo rigor
fuera conbatido en vano.
   (Pues el estar sin hazienda 165

(Aparte). ya no puede ser escusa,
ni menos quedar confusa [7r]
por deudas, pleyto, o contienda).
   Ya quedas libre, señor
de tu hazienda y tu persona; 170
mi causa quien soy te abona;
tu deuda, mi propio honor.
   Que en effeto...

FELIÇIANO.   No prosigas:
¡Que locas sois las mugeres!
¿Que agora me casse quieres? 175
¿Aquí me fuerzas y obligas?
   ¡No está del muerto la cama
fría del calor que tubo
quando en ella enfermo estubo,
y ya a la boda me llama! 180
   ¡No está libre el aposento
de humo de tanta çera,

y ya quien que la quiere
para fiesta y casamiento!
¡Aún cantan quiries allí   185
sobre tumbas y memorias,
y ya quiere que aya glorias
de desposorios aquí!
¡Apenas allí, tan triste,
çesa de réquien la misa,   190
y aquí con tal gusto y prisa,
a la de fiesta se viste!
¡Apenas lugar he dado
a que el pésame me den,
y ya me da el parabién   195
del paramal de casado!
¡Veme de luto cubierto,   [7v]
y ya me obliga a baylar!

LEONARDA. Siendo muger, fuera errar;
mas no, siendo padre el muerto.   200
¿Que ynporta que esté caliente
la cama en que no dormías
y en cuyas sábanas frías
durmió un padre inpertinente?
El humo de tanta çera,   205
¿qué ynporta? ¡Mas estás çiego
del humo, ynfame, del fuego
que abrasar tu onor espera;
que, según ban las ystorias
que de Dorothea oý,   210
cantarán quiries por tí,
y ella en tu haçienda las glorias!
Esta sí será la misa
de réquien y de dolor
a la muerte de tu onor,   215
de que ya el luto te avisa.
Sigue la vil Dorothea,

buelbe a mi deuda la cara,
pues ya tu amor no repara
en que de otros muchos sea.   220
   Los hombres eso queréys;
lo que es de otros sienpre amáis,
de lo que solos gozáys
poca estimaçión hazéys.
   Çelos os hazen querer,   225
lágrimas mucho os enfadan,   [8r]
lo que las libres agradan
cansa una onrrada muger.
   La conpetençia os abrasa,
las trayçiones os afinan,   230
los desdenes os ynclinan,
y el ver mucha gente en casa.
   Compráys donde ay mucha gente,
que por eso es vino amor,
no donde se guarda onor   235
y entra el amor solamente.
   Fiéme de ti, gozaste
de mí, dexásteme assí;
por el onor que te di
tu palabra me enpeñaste.   240
   No tiene onor, ni es posible,
el que no buelbe a cobralla,
que enpeñalla y no quitalla
llaman baxeza terrible.
   Espero en Dios que ese luto   245
traherán tus deudos por ti,
para que yo coja ansí,
como la esperanza, el fruto;
   que con sólo verte muerto
podré yo quedar vengada,   250
bïuda sin ser cassada,
y tú, infame, en el conçierto;

que d'él y tus juramentos
allá me pienso vengar;
¡que a fee que yrás a lugar [8v] 255
donde juzgan pensamientos.
Váyase Leonarda.

[Escena 4]

FELIÇIANO.   ¿Fuésse?
GALINDO.   Por las escaleras.
FELIÇIANO.   Ojalá por las ventanas.
¡Qué de maldiçiones vanas!
¡Qué de soñadas quimeras!   260
    ¡Qué de cansadas razones!
¡Qué de locas vanidades!
¡Cómo pondera verdades
y cómo culpa trayziones!
    Basta, que ya las mugeres,   265
sólo que los labios abras,
quieren trocar a palabras
sus mal gozados plazeres.
    ¡Pesia tal! Quando algún preso,
porque de palabra afrenta   270
a otro onbre, el juez se contenta
que pruebe que está sin seso.
    Que nuchos ay que han probado
que estavan fuera de sí.
¿Por qué no me bale a mí   275
haber lo mismo jurado?
    Quando gozé esta muger,
palabras le di, confieso;
pero, si estava sin seso,
¿por qué no me ha de baler?   280

      Que vino como llegar
a executar un desseo;
luego sin culpa me veo.
¿Por qué me obliga a cassar?   [9r]
      Porque [he] llegado a gozalla,   285
¿qué ombre cuerdo no dirá
que se cassará y que hará
mil cosas hasta engañalla?
      Pero, engañada, no sé
qué ley obliga a un forzado,   290
que fuerza es haber llegado
donde dize que llegué.
      Si a mí me hizieran casar
por fuerza, no hiziera effeto;
que a fuerza estube sujeto.   295
¿Qué ley me pudo obligar?

GALINDO.   ¡Estrañas leyes ynbentas!
¿Fuerza es llegar a engañar
una muger?

FELIÇIANO.   ¿No es forzar
el alma, al casso que yntentas?   300

GALINDO.   No, sino dexar llebarse
del apetito sin rienda
para que jure y se ofenda,
por su gusto, en perjurarse.
      No ay fuerza en el albedrío.   305
La virtud ha de venzer:
fuerza pide la muger;
¿y essa es fuerza, señor mío?
      Porque, en fin, hizo, forçada
de tu ruego y diligençia,   310
menos fuerza y resistencia
y dio lugar engañada.
      Y aquí no bale dezir   [9v]
que quitó el seso el amor;

      quien jura y quita el onor,   315
      ha de cunplir o morir.
FELIÇIANO.   ¿Tú me predicas?
GALINDO.   ¿Qué quieres?
      En llegando a la raçón,
      no ay amo.
FELIÇIANO.   ¡Terribles son,
      quanto a su onor, las mugeres!   320
       Dame medias de color;
      yréme a desenfadar.
GALINDO.   La noche dará lugar;
      ve, por tu vida, señor,
       a que el pésame te dé   325
      la gallarda Dorothea.
FELIÇIANO.   Cree que el plázeme sea
      del dinero que heredé,
       de que ya se juzga dueño.
GALINDO.   ¡Que bien le sabrá sacar!   330
FELIÇIANO.   Yo me sabré reportar.
GALINDO.   ¿Tú?
FELIÇIANO.   ¿Pues no?
GALINDO.   ¡Cosa de sueño!
      Pues a fee que te ymportara
      yrte poco a poco en esto.
FELIÇIANO.   Aconséjasme mui presto;   335
      lo de adelante repara,
       que agora, por Dios, que quiero
      gastar por un año u dos
      prodigamente.
GALINDO.   ¡Por Dios,
      que es lindo amigo el dinero!   340
       Gasta, cobra amigos, da;
      sé liberal, noble, honrrado;
      quien da sólo es estimado;
      çercado de amigos va;

	éstos son maior riqueza	[10r]	345
	que el dinero.		
FELIÇIANO.	Ya verás		
	mi virtud.		
GALINDO.	Pues, ¿quál tendrás?		
FELIÇIANO.	Contra avariçia, largueza.		

Entrense, y salgan Dorotea y Clara.

[Escena 5]

DOROTEA.	¿Qué me cuentas?	
CLARA.	Lo que vi.	
DOROTEA.	¿Que es ya muerto?	
CLARA.	Está enterrado.	350
DOROTEA.	¡Brabo suçeso!	
CLARA.	¡Estremado!	
DOROTEA.	Y mucho más para mí.	
CLARA.	Baxava de aquella calle,	
	que han echo un palaçio en fin	
	los monges de San Martín,	355
	a darle el papel y hablalle,	
	quando veo a San Ginés	
	açercarse un largo entierro,	
	honrra del final destierro	
	que de la vida lo es.	360
	Veo mil achas ardiendo,	
	pobres vestidos, contentos,	
	que heredan los abarientos	
	que no pudieron viviendo;	
	gozan el vestido y acha	365
	que no les dio la virtud.	
	En fin un negro ataúd,	
	seys de xerga y de capacha	

      veo que en los ombros lleban,
tras mil clérigos y cruzes, 370
frayles, cofadrías, luzes
quantas a un noble se daban.
      Miro el aconpañamiento:
hávitos y gente ylustre;
y entre este adornado lustre, [10v] 375
polbo en tierra y humo en viento;
      veo a nuestro Feliçiano
entre un capuz y un sonbrero,
mui triste, porque el dinero
no estava todo en su mano. 380
      Tras él yba aquel vellaco
de Galindillo, fingiendo
que llorava, y conponiendo
su tunba; a un teñido saco
      la falda llebaba, y creo 385
que yba diziendo entre sí:
"¡o si llebara yo aquí
los escudos que desseo!"
      Fuera preguntar en vano
quién era el muerto; ya ves: 390
rico entierro en San Ginés
y enlutado a Feliçiano.

DOROTEA.   Por tu vida que te diera,
si las hubieras perdido,
albriçias.

CLARA.   Buenas han sido; 395
del ynterés que me espera
    no doy mi parte.

DOROTEA   Detende,
que siento gente en la puerta;
entraránse, que está abierta.

[Escena 6]

Oliberio y Fernando.

OLIBERIO.	Sí, harán, que es segura gente,	400
	pero si estás ocupada,	
	tanbién atrás bolberán.	
DOROTEA.	Nunca estas sillas lo están	
	para gente tan onrrada.	
	¿Qué ay de nuebo en nuestra aldea? [11r]	405
FERNANDO.	Assí la puedes llamar;	
	por acá, comer y olgar	
	y jubentud que passea.	
	Si no es que tienes que hazer,	
	tuyos somos este rato.	410
DOROTEA.	Mientras se tarda un yngrato,	
	me podéys entretener.	
OLIBERIO.	¿Qué? Le quieres todavía?	
DOROTEA.	¿Es milagro?	
OLIVERIO.	En tu mudanza ...	
DOROTEA.	Pues, ay mudanza que alcanza	415
	a quien de mudanzas fía.	
FERNANDO.	¿No te trata bien Ricardo?	
DOROTEA.	Sospecho que quiere bien.	
OLIBERIO.	Si no le muestras desdén,	
	mayor libertad aguardo.	420
FERNANDO.	Dale çelos.	
DOROTEA.	No aprobecha.	
FERNANDO.	¿Trágase estas balas?	
DOROTEA.	Sí.	
FERNANDO.	¿Es diestro?	
DOROTEA.	Quanto lo fui.	
FERNANDO.	Bien haze, tu amor sospecha.	
	Un ombre no ha de saber	425
	que es querido.	
DOROTEA.	No es liçión	

	que, puesta en execuçión,	
	le está bien a una muger;	
	que tratalle sin amor	
	mucho desdora.	
FERNANDO.	Tenplalle,	430
	y dalle para gozalle	
	con recatado fabor.	
OLIBERIO.	La puerta suena.	
DOROTEA.	¿No çierras?	

[Escena 7]

Liselo y Justino. [11v]

LISELO.	En tiempo de tantas pazes	
	no la çierres, que bien hazes,	435
	y si bien hazes, no yerras.	
DOROTEA.	Seáis los dos bien venidos.	
	¿Dónde Ricardo quedó?	
JUSTINO.	Aquí pensé hallarle yo.	
DOROTEA.	¿Ya soy çentro de perdidos?	440
LISELO.	Si lo están todos por ti,	
	que aquí se busquen es bien.	
CLARA.	¿Queréys que naipes os den?	
JUSTINO.	¿Ay algo que rifar?	
CLARA.	Sí.	
FERNANDO.	¿Qué, por tu vida?	
CLARA.	Unos guantes.	445
OLIBERIO.	¿Son de olor?	
CLARA.	Como lo dizes.	
LISELO.	Fabor para las narizes.	
OLIBERIO.	¿Sabes por quántos instantes?	
LISELO.	¿Son de ánbar o perfumados?	
	¿Olerán hasta salir	450

	de la calle?	
CLARA.	Esso es deçir que estáis de rifar cansados; pues ya por los naipes voy. *(Vase.)*	
DOROTEA.	¡Qué neçia que estás, Clarilla!	
JUSTINO.	Lo acuchillado acuchilla.	455
OLIBERIO.	¿Tenéys vos?	
FERNANDO.	Sin blanca estoy.	
OLIBERIO.	¡Qué fría es aquesta treta de dar luego que rifar!	
JUSTINO.	Viejo modo de pescar es esta neçia reçeta.	460
FERNANDO.	¿Para sacar seis escudos qué sirben estas baxezas? Repártanse por cabezas, y hagamos señas de mudos.	[12r]
LISELO.	No perderán estas damas esta costumbre o trayçión, como el pedir colaçión.	465
OLIBERIO.	Pues es andar por lar ramas. *Clara entre.*	
CLARA.	Una palabra al oýdo.	
OLIBERIO.	¿Ay visión? ¿Hemos de huir?	470
DOROTEA.	Acábalo de dezir.	
CLARA.	Los guantes y naypes pido a la mulatilla, y ella me dize que Feliçiano está a la puerta.	
DOROTEA.	Su mano me da amor; mato con ella. ¡Perdido mozo!	475
CLARA.	¡Jesú! Cuéntalo por rematado.	

DOROTEA	Despedirlos me es forzado	
(Aparte).	mientras que le llamas tú.	480
CLARA	Echa esta inútil caterba	
(Aparte).	en tanto que voy.	
	(Váyase Clara.)	
DOROTEA.	Mis reyes	
	ya sabrán de nuestras leyes,	
	que este lugar se reserba	
	para cosas de probecho;	485
	otra venta abajo piquen.	
OLIBERIO.	¿Ay pesca?	
DOROTEA.	No me repliquen.	
LISELO.	Es mal echo.	
JUSTINO.	No es mal echo,	
	que aquí se ha de dar lugar.	
FERNANDO.	Con tal condizión se alquila.	490
LISELO.	Vamos a ver a Drusila,	
	que oy acabó de llegar.	
OLIBERIO.	¿Adónde estava?	
LISELO.	En Toledo.	
OLIBERIO.	¿Y no se vende el caudal?	
LISELO.	¿Cómo le ha de yr bien al mal?	[12v] 495
OLIBERIO.	Estoy por ...	
FERNANDO.	Hablemos quedo.	
OLIBERIO.	¡Vive Dios que le he de dar	
	una matraca!	
FERNANDO.	Eso sí.	
OLIBERIO.	Callad y echad por aquí;	
	oyréys a Fabia cantar.	500
	Váyanse.	

[Escena 8]

Clara y Feliçiano y Galindo, de noche.

FELIÇIANO.	¿Podré verte?	
DOROTEA.	Desenboza essa cara, que Dios guarde.	
FELIÇIANO.	No puede venir más tarde.	
CLARA.	Quedo. ¿El tanbién me retoza?	
GALINDO.	¿No puedo tocar la mano? ¡Aunque en aquesta ocasión fueras cuenta de perdón!	505
CLARA.	Sosiegue la mano, hermano.	
FELIÇIANO.	¿Quién son éstos que se van?	
DOROTEA.	No ay cosa que inporte en ellos.	510
FELIÇIANO.	¿Es acaso alguno d'ellos Ricardo?	
DOROTEA.	¿Quién?	
FELIÇIANO.	Tu galán.	
DOROTEA.	Donde tú vives, mi bien, ¿qué Ricardo, o qué riqueza mayor para mí?	
FELIÇIANO.	¡O belleza divina! ¿Ya sin desdén?	515
DOROTEA.	¿Desdén para ti, mis ojos, si eres la luz con que veo? Ya me matava el desseo de çelos, ansias y antojos. ¿Dónde has estado? ¿En qué andas? ¡Desde ayer sin verme, ay çielos! ¿Por qué me matas con çelos quando servirte me mandas? No estoy bien con tus ausençias, trazando vas mis disgustos; o tienes allá otros gustos, o acá pruebas mis paçiençias.	520 [13r] 525

(Aparte).	(A fee que alguna dichosa esta noche tubo el lado más discreto, más onrrado, que ha visto esta alma embidiosa.) Muestra la mano. El color se te ha trocado. Esto es çierto; ¡una noche tú me has muerto!	530 535
CLARA.	¿Qué estraña señal de amor!	
GALINDO.	¿Desmayóse?	
FELIÇIANO.	¿No lo ves?	
GALINDO.	¡Vive Dios, que es de lo fino! Ved qué de presto le vino de la cabeza a los pies.	540
FELIÇIANO.	Trae, por tu vida, Clara un poco de agua de azar; si no la puede tomar, echarásela en la cara. ¡Ay tales çelos!	
GALINDO.	Por Dios, que es lástima; está mortal.	545
FELIÇIANO.	¿No vas?	
CLARA.	Voy.	
	Clara se baya.	
GALINDO.	Mala señal.	
FELIÇIANO.	¿Para quién?	
GALINDO.	Para los dos.	
FELIÇIANO.	¿Cómo?	
	Porque es mal agüero entrar aquí con azar y estas dos sotas hallar en el encuentro primero.	550
FELIÇIANO.	Neçio, ¿este rostro no miras?	
GALINDO.	Discreto, ya estoi mirando el mismo rostro que quando de ver su color te admiras.	555

FELIÇIANO.	¿No ves que es color finjida	
	y no se puede mudar?	[13v]
	La que es suya has de mirar	
	en tantas partes perdida.	560
GALINDO.	Quanto aquí se vee es fingido.	
	¿Es ratón éste?	
DOROTEA.	¡Ay de mí!	
GALINDO.	¿Ves qué presto buelbe en sí?	
DOROTEA.	¡Qué neçio, Galindo, has sido!	
	¡Qué alteraçión me has causado!	565
GALINDO.	¿Pues no estavas desmayada?	
DOROTEA.	Algo estava ya cobrada,	
	y era aquel susto passado.	
FELIÇIANO.	¡Maldígate Dios, amén!	
	¡Qué costosas gracias tienes!	570
GALINDO.	Clara es ésta.	
	Clara con brinco de agua.	
FELIÇIANO.	Tarde vienes;	
	mas toma el agua, mi bien.	
DOROTEA.	Muestra, que a fe que estoy tal	
	que apenas he buelto en mí;	
	ni sé cómo vivo aquí,	575
	según me he visto mortal.	
	Beba.	
GALINDO.	Agradézcanlo al ratón,	
	que nuestro médico ha sido.	
FELIÇIANO.	Bebe más.	
DOROTEA.	Harto he vevido.	580
GALINDO.	¿Confortaste el corazón?	
FELIÇIANO.	¿Es posible que no sabes	
	dónde [he] estado, ni has sabido	
	qué es lo que me ha suçedido?	
DOROTEA.	Dime palabras suabes,	
	regálame, por tu vida,	585
	que a fee que lo he menester.	

GALINDO	¡Qué diestra está la muger!		
(Aparte).	Toda la pena es fingida.		
FELIÇIANO.	Mi bien, ayer se murió		
	mi padre, y oy le enterré;	[14r]	590
	si en aquesto me ocupé,		
	la muerte es quien te ofendió;		
	con esta dama dormí,		
	un capuz la cama fue,		
	que esta noche me quité		595
	por no entrar a verte ansí.		
DOROTEA.	¡Tu padre es muerto!		
FELIÇIANO.	ya es muerto		
GALINDO	¿Ha de haber desmayo agora?		
(Aparte).	¡Oygan, vive Dios, que llora!		
FELIÇIANO.	Mi bien, que es mi bien te advierto.		600
	Mira que eres oy el dueño		
	de sus treynta mil ducados.		
	Ya no andarán enpeñados		
	tus desdenes y mi sueño;		
	Ten, mi señora, alegría.		605
DOROTEA.	¿Puedo dexar de sentir		
	que es tu sangre?		
GALINDO	¿Ay tal fingir?		
(Aparte).			
FELIÇIANO.	¿Has çenado?		
DOROTEA.	Aora quería.		
FELIÇIANO.	¿Qué tienes?		
DOROTEA.	Poco o nonada,		
	mas para entranbos abrá.		610
FELIÇIANO.	¡Ola, Galindo! ¿Tendrá		
	algo aquél, tu camarada?		
GALINDO.	No faltará algún capón.		
FELIÇIANO.	Estos quatro escudos toma;		
	trae una gentil redoma		615
	de aquel ramo del cantón;		

	y de camino Guzmán	
	el luto puede traher,	
	que aquí me ha de amanezer	
	y no he de salir galán.	620
DOROTEA.	Por fuerza lo ha de salir	
	quien como vos lo naçió,	
	si no le marchito yo.	[14v]
GALINDO	¡Qué bien lo sabe fingir!	
(Aparte).	Voy en un salto.	
FELIÇIANO.	Camina	625
(Vase).		

[Escena 9]

DOROTEA.	Pésame que aya heredado	
	quien pobre me ha conquistado.	
FELICIANO	No sé lo que ésta ymagina.	
(Aparte).	Quando pobre, nunca vi	
	su rostro sereno y ledo,	630
	y agora que ve que heredo	
	toda se transforma en mí.	
	Pero, pues no lo sabía	
	quando la vi desmayar,	
	no es justo amor agraviar	635
	muger que sin duda es mía.	
	No se canse más Leonarda,	
	ni más me pida su onor,	
	si con el mismo rigor	
	treçientos años aguarda,	640
	que ya soy de Dorothea	
	mui justamente perdido,	
	pues que soy d'ella querido,	
	que es lo que el alma dessea.	

DOROTEA.	No seas neçia.	
CLARA.	Acaba ya.	645
DOROTEA.	Déxame.	
FELIÇIANO.	Qué es la quistión?	
DOROTEA.	Locuras de Clara son.	
FELIÇIANO.	¿No lo sabré?	
DOROTEA.	Bien está; vos lo sabréys.	
FELIÇIANO.	¿Por qué no?	
DOROTEA.	Porque no puedo sufrir	650
	a quien quiero bien, pedir,	
	que doy a quien quiero yo.	
FELIÇIANO.	Daráme, por Dios, mohina;	
	declaradme essas razones.	[15r]
DOROTEA.	Sacastes çiertos doblones	655
	y cásase una vezina,	
	y conjúrame que os pida	
	para las arras.	
FELIÇIANO.	¿Pues esso	
	tenéis, mi bien, por exçeso,	
	siendo vos mi propia vida?	660
	En este bolsillo van	
	çiento, menos el que di;	
	serán arras de que oy fui	
	de vuestro fabor galán.	
DOROTEA.	¡No haréis tal, por vida mía!	665
FELIÇIANO.	Por la misma lo he jurado.	
DOROTEA.	Esta neçia lo ha causado.	
CLARA.	Conozco yo su hidalguía:	
	que de la misma manera	
	que esas arras acomoda,	670
	te diera para la boda	
	ropa y saya, o saya entera;	
	mal conozes lo que vale	
	aquel ombre que está allí.	

FELIÇIANO.	Pues, ¿es la madrina?	
CLARA.	Sí,	675
	y con saya y ropa sale;	
	hazle hazer, por vida tuya,	
	vestido de tu color,	
	porque su gala y tu amor	
	honrren la belleza suya.	680
	Que ella, como te ama tanto,	
	no te osa pedir aquello	
	que podrá, por no tenello,	
	darte algún çeloso espanto.	
FELIÇIANO.	Eso no, por vida mía;	685
	mi sastre mañana venga,	
	porque la medida tenga,	
	que d'él solo el alma fía;	[15v]
	y sacaráse la tela	
	de la color que le agrade.	690
CLARA.	Los pasamanos añade.	
FELIÇIANO.	¿La guarnizión te desbela?	
	Del más ancho de Milán	
	echen juntos çinco o seys.	
CLARA.	¿Sin duda?	
FELIÇIANO.	Allá lo veréys.	695
CLARA (Aparte).	Este, señora, es galán. Mal aya Ricardo, amén.	
DOROTEA (Aparte).	¡Ay Clara!, a Ricardo adoro.	
CLARA (Aparte).	Pues adora agora al oro para que el oro te den.	700
DOROTEA. (Aparte).	¿Quál oro, triste de mí, se puede ygualar al gusto?	

[Escena 10]

Entre Galindo.

GALINDO.	El dinero vino al justo;	
	quanto me pidió le di;	
	pero ay mui bien qué çenar,	705
	y mañana qué comer.	
	Clara, tú puedes hazer	
	esos capones pelar	
	y assar aquellas perdizes.	
CLARA.	Oye aparte, mentecato.	710
GALINDO.	¿Qué quieres?	
CLARA.	Oyeme un rato,	
	neçio, y no te excandalizes.	
	¿Este tonto de tu amo	
	ha heredado?	
GALINDO.	Así es verdad;	
	el tonto y la cantidad	715
	he visto.	
CLARA.	Aquí ay liga y ramo;	
	éste es páxaro que viene	
	dando en ella; no seas loco,	
	sino cayga poco a poco	[16r]
	con el dinero que tiene.	720
	¿No has leýdo a Çelestina?	
GALINDO.	A *Çelestina* leý.	
CLARA.	Pues mira a Senpronio allí	
	y por sus passos camina;	
	dexa, Galindo, a las dos	725
	que este páxaro pelemos,	
	y tu parte te daremos.	
GALINDO.	¡Altamente habláis, por Dios!	
	Armalde, que yo seré	
	el páxaro compañero.	730
	Traeréle al lazo.	

CLARA.	Eso quiero.
GALINDO.	Como parte se me dé
	y la que espero de ti.
CLARA.	Digo que seré tu prenda.
GALINDO.	Pues quedo, y nadie lo entienda. 735
DOROTEA.	¿Llamaron?
CLARA.	Señora, sí.
DOROTEA.	Mira quién es.
CLARA.	En la voz
	he conoçido a tu hermano.
	Escóndasse Feliziano,
	que es un soldado feroz, 740
	y no ay onbre más çeloso.
DOROTEA.	Vete, y ven después, mi bien.
FELIÇIANO.	¿Hermano?
DOROTEA.	Y hombre tanbién,
	que es un Orlando furioso.
GALINDO.	¡Clara!
CLARA.	¡Galindo!
GALINDO.	Este hermano, 745
	¿no viniera en ora buena
	antes de traher la çena?
CLARA.	Ya lo previenes en vano.
GALINDO.	Dame siquiera un capón
	y la redoma del vino. [16v] 750
DOROTEA.	Detenerte es desatino.
FELIÇIANO.	Assí mis venturas son;
	dame esos brazos, y adiós.
DOROTEA.	Por esta puerta te yrás.
GALINDO.	¡Çena que no os veré más! 755
CLARA.	Por aquí saldréys los dos.

[Escena 11]

Ricardo entre, y los dos se bayan.

RICARDO.
    ¿Han acaso ensordezido,
Dorotea, tus criadas,
o están acaso bañadas
en las aguas del olvido? 760
    ¿Çenaron adormideras?
¿Qué tenéis que no me oýs,
y, si me oýs, no me abrís?

DOROTEA. ¿Dirás que ha un ora que esperas?
RICARDO. Poco menos.
DOROTEA.   Ocupadas 765
en regalarte estarán.
RICARDO. Más en echar al galán
que oy ablastes a tapadas;
    bien he sentido el ruido.
DOROTEA. Tarde y çeloso, ¡o qué bien! 770
RICARDO. Di que de çenar me den,
que vengo medio dormido.
Entrese Ricardo.
CLARA.   ¿Para qué quieres este ombre,
que te juega quanto tienes,
si oy a ser rogada vienes 775
de un rico tan gentilonbre?
DOROTEA.   Déxame con mi pasión.
Tirano es amor, no es rey;
y así, en el gusto no ay ley,
ni en la muger elecçión. 780
Entrense Dorotea y Clara.

[Escena 12]

Leonarda, en hávito de honbre, [17r]
con espada y broquel, y un criado.

LEONARDA. Aquí me puedes dexar,
o esperarme por aý.
CRIADO. Si ay neçesidad de mí
allí me podrás hallar,
   que tengo çierto requiebro 785
de una platera de perlas,
más firme que dos cañerlas
y más blanda que un enebro;
   silba, y vendré por el ayre
puesto a punto el yerro todo, 790
en diziéndole un apodo
y en oyéndole un donayre.
Váyase el criado.

[Escena 13]

LEONARDA. Escura y sienpre triste y enlutada,
gran biuda del Sol, noche estupenda,
cuya lustrosa toca reberenda 795
de olanda de la Luna fue cortada.
   Secretaria de Amor, noche callada,
haz que mis passos ningún onbre entienda,
y daréte una pieza por ofrenda
de la bayeta en mi dolor frissada. 800
   Noche, aquí bengo en busca de un ingrato;
ponme con él, hablalle te prometo
porque veas su injusto y mi buen trato.
   Descanse mi cuidado en tu secreto,
que es hijo de los días el recato, 805

          y de la noche el amoroso effeto.
Entren Feliçiano y Galindo.

FELIÇIANO.   Sospechas traygo.
GALINDO.   ¿De qué?
FELIÇIANO. De que no es aquél su hermano.
GALINDO. Pues fue tu sospecha en vano.
FELIÇIANO. ¿Por qué?
GALINDO.   Porque no lo fue,   810
  y en las cossas que son çiertas   [17v]
  no ay sospechas.
FELIÇIANO.   ¿Çiertas son?
GALINDO. Conozco la condizión
  d'estas damas con dos puertas.
    ¡Lindo gatazo te han dado!   815
FELIÇIANO. Quien ama, todo lo abona;
  ni es Dorotea persona
  de tan vil y baxo estado;
    su hermano será sin duda.
GALINDO. ¿Su hermano?
FELIÇIANO.   ¿No puede ser?   820
GALINDO. Conozes esta muger;
  los hombres en bestias muda.
FELIÇIANO.   En que es su hermano me fundo.
GALINDO. Si es su hermano, Feliçiano,
  yo sé que oy no çena hermano   825
  mexor que él en todo el mundo.
    ¡O hermano el más bien çenado
  que se ha acostado jamás!
  ¡Qué contento dormirás
  con algún ángel al lado!   830
FELIÇIANO.   ¿Angel? ¡O qué maxadero!
  ¿Dízeslo por Dorotea?
GALINDO. No digo yo que ella sea.
FELIÇIANO. ¿Pues quién?
GALINDO.   Declararme quiero:

	el que çena y duerme bien,	835
	ángeles suele soñar.	
FELIÇIANO.	Aquí ay gente.	
GALINDO.	Aquí ay lugar	
	de tomar la calle; ven.	
FELIÇIANO.	¿Yrme tengo?	
GALINDO.	¿Por qué no?	
	¿Es fuerza el yr por allí,	840
	si ay treynta calles aquí?	
FELIÇIANO.	¿Quién va allá?	
LEONARDA.	Yo.	
FELIÇIANO.	¿Quién es yo?	
LEONARDA	Un onbre y una muger,	[18r]
(Aparte).	pudiera dezir mexor.	
FELIÇIANO.	¿Qué quiere aquí?	
GALINDO.	¡Qué rigor	845
	que muestras! Habla a plazer.	
LEONARDA.	¿Téngoos de dar cuenta a vos	
	de lo que en la calle quiero?	
FELIÇIANO.	Sí, porque lo que yo espero	
	no nos ympida a los dos.	850
LEONARDA.	No podéys vos esperar	
	lo que yo.	
FELIÇIANO.	¿Por qué razón?	
LEONARDA.	Porque es libre mi afiçión,	
	que la puedo yo pagar;	
	y aguardo a que de allá salga	855
	un Feliçiano que entró,	
	porque he de entrar luego yo.	
GALINDO.	¡Mui bien, así Dios me valga!	
	Mas, ¿qué, es ésta Dorothea?	
LEONARDA.	La misma, y la que a Ricardo,	860
	un çierto alférez gallardo,	
	que agora en Madrid passea,	
	da lo que a los otros quita;	

	y agora espera quitar	
	a çierto ombre del lugar	865
	que estas calles soliçita	
	y está reçién heredado;	
	que jura ha de pescalle	
	quanto pudiere pelalle	
	para este galán soldado.	870
GALINDO.	¿Tiene hermano esta muger?	
LEONARDA.	Es flor esso del hermano.	
GALINDO.	¿Qué te dize, Feliçiano?	
FELIÇIANO.	Que no lo puedo creher.	
GALINDO.	Pues lo que los ojos ven, [18v]	875
	con los dedos se adivina.	
	Grita.	
FELIÇIANO.	Grita suena en la cozina.	
GALINDO.	¡Y cómo çenan mui bien!	
	¡Que ésta nos tenga al olor!	
	¿Ay tan gran mentecatía?	880
FELIÇIANO.	Aguardar tengo hasta el día.	
GALINDO.	Bámanos de aquí, señor.	
	¡O, vellaca desmayada!	
	¿Quién se la vio tan fingida,	
	más laçia y carilamida	885
	que gata reçién lavada?	
	¿Quién la vio tras el ratón,	
	y a ti en su engaño enbevido?	
	Fisgando.	
	"Bebe más.—Harto he bevido."	
	"Confórtame el corazón;	890
	dime palabras süabes."	
FELIÇIANO.	Aún ay, Galindo, más mal.	
GALINDO.	Bastará que sea ygual.	
	¿Mas mal, dizes?	
FELIÇIANO.	¿No le sabes?	
	Los çien doblones le di.	

GALINDO.	¿Los de a quatro?	
FELIÇIANO.	Los contados,	895
	en el escritorio hallados,	
	que aquesta mañana abrí.	
GALINDO.	¿Qué me cuentas?	
FELIÇIANO.	Ya no cuento,	900
	pues ella los cuenta allá.	
GALINDO.	¿Quién eso a una muger da?	
	¿A qué quenta los asiento?	
FELIÇIANO.	A la de amor.	
GALINDO.	¡Buen fiador!	
	Cobrar tengo este dinero.	
FELIÇIANO.	Tente, Galindo, no quiero.	905
GALINDO.	¿Por qué?	[19r]
FELIÇIANO.	Porque tengo amor.	
GALINDO.	¡Pessar del amor, amén!	
	Llama y di si ha de salir,	
	o si nos habemos de yr.	
FELIÇIANO.	Bien dizes.	
GALINDO.	Tú no hazes bien.	910
FELIÇIANO.	¡A de cassa!	
GALINDO.	No responden.	
	Grita.	
	¡A de arriba!... Están çenando.	
	Lo que yo estuve comprando,	
	entre espalda y pecho esconden.	
	¡Ha, pessar del moscatel,	915
	que aquesto puede sufrir!	
FELIÇIANO.	Yo haré que vengan abrir.	
GALINDO.	Pasito, menos crüel;	
	oye un consejo.	
FELIÇIANO.	¿Quál es?	
GALINDO.	Tú tienes lindo dinero;	920
	no abentures con un fiero	
	lo que es de más ynterés.	

	Busquemos brabos, y ven	
	a esta cassa y, sin reçelo	
	de tu vida, da en el suelo	925
	con quantos en ella estén.	
FELIÇIANO.	Bien dizes: bamos de aquí.	
	Váyanse Feliçiano y Galindo.	
LEONARDA.	Ya se fue; contenta quedo,	
	que tengo a su vida miedo,	
	que es alma que vive en mí.	930
	Gente sale de la casa.	

[Escena 14]

Ricardo, la espada desnuda.

RICARDO.	¿Quién llama con tal furor?	
LEONARDA.	Yo soy un ombre, señor	
	que por esta calle passa.	
	Los que llamaron se han ydo.	[19v] 935
RICARDO.	Vos soys, y seáys qualquiera,	
	es mal echo; sacad fuera	
	la espada.	
LEONARDA.	¿Qué oygáis os pido;	
	advertid que yo no soy...	
RICARDO.	Pues ¿quién soys?	
LEONARDA.	una muger	940
	que aquí un galán vine a ber	
	de quien oy çelosa estoy.	

[Escena 15]

Salgan Clara y Dorotea.

DOROTEA.	Tenle, Clara, que estoy muerta
	como una espada se nonbre.

CLARA.	Ablando está con un ombre	945
	enfrente de nuestra puerta.	
LEONARDA.	Temo que, si me halla ansí,	
	con el enojo me dañe.	
RICARDO.	¿Queréis que yo os acompañe?	
LEONARDA.	Sí.	
RICARDO.	Pues echad por aquí.	950

Váyanse Ricardo y Leonarda.

CLARA.	Sin duda, señora, van	
	desafiados al Prado;	
	por un fanfarrón soldado	
	pierdes un rico galán.	
	¿Qué has de hazer?	
DOROTEA.	Estoi turbada.	955
CLARA.	Quatro onbres vienen aquí.	

[Escena 16]

Feliçiano, Fulgençio, Fabriçio y Galindo.

FELIÇIANO.	Luego a los dos conoçí.	
FULGENÇIO.	¿Y qué es la quistión?	
FELIÇIANO.	No es nada.	
	Aquí, en cas de Dorotea,	
	çierto fanfarrón soldado	960
	pienso que esta aconpañado	
	y que su respeto sea...	
FABRIÇIO.	No pienso que piensas mal.	[20r]
GALINDO.	Quedo; la puerta está abierta.	
FULGENÇIO.	Dorotea está a la puerta.	965
	¿Qué gente?	
DOROTEA.	Cierra el portal	
FELIÇIANO.	No çierres.	
DOROTEA.	¿Quién es?	

FELIÇIANO.	Yo soy.	
DOROTEA.	¿Es, por dicha, Feliçiano?	
FELIÇIANO.	¿Está en casa aquel tu hermano?	
DOROTEA.	Ya es ydo; al diablo le doy.	970
	Entra y çenarás, mi bien.	
FELIÇIANO.	Señores, todos entrad,	
	que se ha buelto en amistad	
	lo que ymaginé desdén.	
FULGENÇIO.	¿Abrá para todos?	
DOROTEA.	Sí.	975
FELIÇIANO.	¿Ves cómo te has engañado?	
GALINDO.	¡O hermano, el más mal çenado	
	de quantos hermanos vi!	

(Vanse Feliçiano, Fulgençio, Fabriçio y Galindo.)

[Escena 17]

CLARA.	¿Qué haré si buelbe Ricardo?	
DOROTEA.	Hazte sorda, porque vea	980
	que soy yo...	
CLARA.	¿Quién?	
DOROTEA.	Dorotea,	
	que a ninguno el rostro guardo.	
	Aguarde asta la mañana	
	y quiébrese la cabeza,	
	porque en tiniendo firmeza	985
	se pierde una cortesana.	
	Déxame pescar aquí	
	donde pican estos pezes,	
	y ande el ynterés a vezes	
	ya que amor lo quiere ansí;	990
	y en dar a Ricardo çelos	
	yo sé que discreta he sido,	[20v]

	que ymporta a un amor dormido	
	yrle poniendo desbelos.	
CLARA.	Bien hazes, que este mançebo	995
	es liberal y heredado;	
	dale cuerda, que ha llegado	
	como pez simple a tu çebo;	
	déxale que entre en las redes	
	a este páxaro ynoçente;	1000
	que si Ricardo lo siente	
	picar a Ricardo puedes.	
	Nunca trata el mercader	
	sólo un género, que quiere	
	ganar, si en aquél perdiere;	1005
	y así ha de hazer la muger.	
	Entra y comienza a pelalle.	
DOROTEA.	Hasta en los cañones velle.	
CLARA.	¿Y luego?	
DOROTEA.	Entonzes ponelle	
	de paticas en la calle.	1010

Fin del primero acto de *La prueba de los amigos*

[21r, blanco]
[21v, blanco]

Los que hablan en este 2º Acto: [22r]

Ricardo.   Un criado.
Fulgençio.   Faustino, viejo.
Feliçiano.   Leonarda.
Galindo.   Tancredo.
Dos músicos.   Dorothea.
Fabriçio.   Clara.

[Rúbrica de Lope]

                                    [22v, blanco]

ACTO SEGUNDO

[23r] P.

[Escena 1]

Ricardo y Fulgençio.

RICARDO.	Tengo de conozerle gran desseo,	
	aunque él me tiene a mí por enemigo.	
FULGENÇIO.	No tiene el mundo un ombre, a lo que creo,	
	más digno de llamarse onrrado amigo.	
RICARDO.	Assi lo dizen quantos suyos veo.	1015
FULGENÇIO.	Ninguno más de essa verdad testigo.	
	y me pessa que vos viváis tan fuera	
	de su amistad.	
RICARDO.	¡Por Dios, que la tubiera!	
	Mas ya sabéis, Fulgençio, que he tratado	
	esa muger que Feliçiano adora,	1020
	çelos y enojos muchas vezes dado,	
	que es lo que apartan la amistad agora.	
	El ombre que ama, al ombre que fue amado	
	siempre aborreze, y, reçeloso, ygnora	
	si ha de bolver aquél a verse un día	1025
	en el estado mismo que solía.	
	Fuera d'esso, Fulgençio ay otro enrredo	
	que ympide el amistad.	
FULGENÇIO.	¿De qué manera?	
RICARDO.	Abrá tres messes (que deçiros puedo	
	a vos este secreto, aunque lo fuera)	1030
	que vine aquí, llamado de Tancredo,	
	¡y que pluguiera a Dios que no viniera!	
	a çenar con la Çirçe, la Medea,	
	que llaman la discreta Dorotea.	
	Era sin duda a costa, o mal lo entiendo,	1035
	de Feliçiano el gasto, y en entrando	

	echáronle de cassa, prebiniendo	[23v]
	la çena a que me estaban esperando;
	Feliçiano, por dicha, conoçiendo
	su engaño, buelbe al puesto, y derribando	1040
	las puertas, a que salga con la espada
	me obliga, cassa y çena alborotada.
	Salgo y hallo no más de un onbre; quiero
	reñir con él, y que es muger me dize;
	dexo la cassa, çena y el azero	1045
	envayno, a que ninguno contradize.
	Aconpañarla voy, aunque primero
	de que no era trayzión me satisfize;
	llego a su cassa y háblola en la puerta,
	llena de amores y de çelos muerta.	1050
	¡No es menos de que adora en Feliçiano
	que está perdido aquí por Dorotea;
	yo, viendo el trage, u de tocar su mano,
	o por mi estrella, o lo que fuere sea,
	así me pierdo, así me rindo, hermano,	1055
	que no ay sol para mí, no ay luz que vea
	mientras estoy ausente de su vista.
FULGENÇIO.	¡Suçeso estraño! Y ¿qué ay de la conquista?
RICARDO.	Que me aborreze al paso que la adoro.
FULGENÇIO.	¿Y cómo lo ha llebado Dorotea?	1060
RICARDO.	Quiriendo bien ese manzebo de oro,
	en quien agora su codiçia emplea.
FULGENÇIO.	Pues no lo dudes que le da un tesoro,
	y la adora de suerte que dessea
	dorar quanto ella toque, como Midas;	1065
	oro comen y de oro van vestidas,	[24r]
	en oro duermen, y oro, finalmente,
	pienso que son los gustos y fabores.
RICARDO.	¡Pobre mançebo, rico y inoçente,
	páxaro simple entre esos dos azores!	1070

FULGENÇIO.	Es reçién heredado; no lo siente.	
RICARDO.	¡O, Fulgençio!, no ay género de amores	
	más peligroso que una cortesana:	
	lo que ella corta, eternamente sana.	
	¡Qué enrredos tienen! ¡Qué palabras blandas!	1075
	¡Qué afeytes de trayçiones! Todo es çebo.	
	¡Qué baños odoríferos! ¡Qué olandas,	
	mortaja vil de un moscatel mançebo!	
	¡Pues vellas como ymágenes en andas	
	en el estrado rico, limpio y nuebo!	1080
	Parezen las señoras más onestas;	
	allí toman papeles, dan respuestas;	
	llega el escritorillo la esclavilla,	
	el tintero de plata la criada	
	tiene en la mano, hincada la rodilla;	1085
	el paje está elevado, y todo es nada.	
	¡Pues ver en la almohada la almohadilla,	
	y no hazer más labor que en la almohada,	
	para fingir ocupaçión! Es cosa	
	ynsufrible en el mundo y vergonzosa.	1090
	¿Qué dirás si se juntan a consejo	
	sobre pelear un ombre mentecato?	
	Çelos, si es mozo; tierno amor, si es viejo;	
	pedir la seda, el faldellín, el plato.	
	¡Si las vieses tocar al linpio espejo	1095
	y quedar el bosquejo del retrato!	[24v]
	¡Mal año para mí, si tú las viesses,	
	que tantos ascos de vinorre hiziesses!	
	No saca algún pintor tantas colores,	
	ni más ungentes saca un çirujano.	1100
	Mira, ¡por Dios!, qué calidad de amores	
	y lo que aquí despeçia Feliçiano;	
	no ay ramillete de diversas flores	
	del alba pura en la divina mano	

	como el cuerpo y el rostro de Leonarda,	1105
	discreta, hermosa, prinçipal, gallarda.	
FULGENÇIO.	Es mozo, y va siguiendo su apetito,	
	que a cada qual le rixe su desseo;	
	su amigo soy, su gusto sólo ymito.	
RICARDO.	¿En qué entiende, en faltando d'este enpleo?	1110
FULGENÇIO.	De la suerte que en número ynfinito	
	al panal de la miel acudir veo	
	las ymportunas moscas el verano,	
	así mozos agora a Feliçiano.	
	Todos andan con él, todos le siguen,	1115
	aconpáñanle todos noche y día,	
	juégasse en cassa, y tantos le persigen	
	que en verlos te dará melancolía;	
	gusta que a dar o que a enprestar le obligen	
	con liberalidad y cortesía,	1120
	porque es de suerte liberal y franco	
	que, al passo, presto ha de quedarse en blanco.	
RICARDO.	¿Que es tan gran gastador?	
FULGENÇIO.	Pródiga cossa,	
	y amigo de hazer gusto por el cabo.	
	Esta es su cassa; entrad.	
RICARDO.	¡Qué sala hermosa!	1125
FULGENÇIO.	La casa es buena, y la pintura alabo.	[25r]
RICARDO.	Esta Lucreçia es singular.	
FULGENÇIO.	Famosa.	
RICARDO.	¡Bueno, tras la cortina, está el esclabo!	
FULGENÇIA.	de Urbina es la ynbençión.	
RICARDO.	¡Era exçelente!	
	¡Bueno es aquel Adonis que está en frente!	1130
	¡Lindas telas son éstas!	
FULGENÇIO.	¡Estremadas!	
RICARDO.	¡Qué buenos escritores y bufetes!	
	¿Ay camas ricas?	

FULGENÇIO.	Camas ay bordadas.	
RICARDO.	Espantosas grandezas me prometes.	
FULGENÇIO.	¡Qué es ver aquestas salas ocupadas	1135
	de músicos, de damas, de alcagüetes,	
	de jugadores, bravos y de oçiosos,	
	y aun de pobres que llaman vergonzosos!	
RICARDO.	Acuden al dinero.	
FULGENÇIO.	¡O, gran dinero!	
RICARDO.	No dudes que el dinero es todo, en todo	1140
	es prinçipe, es hidalgo, es caballero,	
	es alta sangre, es desçendiente godo.	
FULGENÇIO.	El sale; no te bayas.	
RICARDO.	Aquí espero,	
	por sólo ver d'este mançebo el modo.	
FULGENÇIO.	Haz cuenta que otro pródigo estás viendo.	1145
RICARDO.	¿Cantan?	
FULGENÇIO.	¿No miras que se está vistiendo?	

[Escena 2]

Entre Feliçiano, vistiéndose a un espejo que traerá un paje, y otro, la espada y la capa; Galindo, con una escobilla linpiando el sombrero. Dos músicos cantando, mientras se conpone el cuello.

MÚSICOS.	Pidiéronle colaçión	
	unas damas a Belardo,	
	passeándose en Sevilla	
	entre unos verdes naranjos.	1150
FELIÇIANO.	Esperad, por vida mía.	[25v]
MÚSICO.	Ya lo que quieres aguardo.	
FELIÇIANO.	¿Qué? ¿Vive aquese Belardo?	
MÚSICO.	Aún es vivo.	

FELIÇIANO.   ¿Todavía?
MÚSICO.   Si das liçençia que cante,   1155
sabrás su estado mejor.
FELIÇIANO. ¿Qué? ¿Ese es vivo?
MÚSICOS.   Sí, señor.
FELIÇIANO. Cantad, passad adelante.
Cantan.
MÚSICOS.   El que a unos ojos azules
estava haziendo un retrato,   1160
que aunque no era desafío,
los sacó en el alma al campo.
FELIÇIANO. Oýd: pues ¿cómo sería
que amores pena le den?
¿Aún quiere Velardo bien?   1165
MÚSICO. Diçen que sí.
FELIÇIANO.   ¿Todavía?
Tanto en él vienen y van,
desde que yo me crié
que muchas vezes pensé
que era del tiempo de Adán.   1170
MÚSICO. Lo que ha escrito da ocasión
a juzgar de essa manera.
GALINDO. Quedo, que ay gente de fuera.
FELIÇIANO. ¿Gente de fuera? ¿Quién son?
FULGENÇIO. Yo soy, y conmigo viene   1175
un ombre que ha desseado
ser tu amigo, y tan onrrado
que estos pensamientos tiene.
FELIÇIANO. ¿Quién?
FULGENÇIO.   El alférez Ricardo.
FELIÇIANO. Seáys, señor, bien venido.   1180
¡Jesús!   [26r]
RICARDO.   Las manos os pido.
FELIÇIANO. Y yo esos brazos aguardo.

	¿Qué aquesta cassa os mereze?	
	¿Es posible que la onrráis?	
RICARDO.	¡Vos a todos nos la dáis!	1185
FULGENÇIO.	A ser mui vuestro se ofreze;	
	que aquellos cuentos passados	
	ya passaron, en effeto.	
FELIÇIANO.	No tratéis, pues soys discreto,	
	esso entre amigos onrrados;	1190
	el señor alférez tiene	
	un gran servidor en mí.	
RICARDO.	Si de vos siempre lo fui	
	diga el que conmigo viene,	
	pues le busqué por padrino.	1195
FELIÇIANO.	Traed sillas.	
RICARDO.	Eso no,	
	mientras os vestís, que yo	
	soy muy vuestro y soy vezino	
FELIÇIANO.	¿Vivís çerca?	
RICARDO.	Aquí, a la buelta;	
	bien me podré entretener	1200
	con lo que ay aquí que ver.	
FELIÇIANO.	Está todo de rebuelta.	
RICARDO.	Estas divinas pinturas	
	me han por estremo alegrado,	
	que les soy afiçionado,	1205
	y ay mil gallardas figuras.	
FELIÇIANO.	¿Qué os agrada?	
RICARDO.	Esta Lucreçia	
	y este Adonis.	
FELIÇIANO.	Vuestros son,	
	que yo buscava ocasión	
	de echar de cassa esta neçia.	1210
RICARDO.	No los alabé por esso,	
	mas por ser de buena mano.	

FELIÇIANO.	En buena mano le gano	[26v]
	al pintor.	
RICARDO.	Yo os lo confiesso,	
	que él los pintó de mil vezes,	1215
	y vos en una los days;	
	de lo que le abentajáis	
	los pressentes son jüezes;	
	mas no los quitéys, por Dios,	
	que las telas que ay aquí	1220
	se podrán quexar de mí.	
FELIÇIANO.	Pues quéxense de los dos	
	y lleben tanbién las telas.	
RICARDO.	¿Las telas? No lo mandéys.	
FELIÇIANO.	Esta vez perdonaréys;	1225
	quítalas tú.	
GALINDO.	Quitarélas.	
RICARDO.	¡Jesús, las telas tanbién!	
	Mirad que no tengo yo	
	donde quepan.	
FELIÇIANO.	¿Por qué no,	
	si en los ojos caben bien?	1230
	Ya menos caben aquí,	
	que, en ser vuestras, son agenas.	
RICARDO.	Besso aquesas manos llenas	
	de grandeza.	
FELIÇIANO.	No ay en mí	
	sino sólo el buen desseo.	1235
RICARDO.	¿Es loco este ombre?	
FULGENÇIO.	No sé.	
	No estima en más lo que ve	
	que yo aquello que no veo.	

[Escena 3]
Entre Fabriçio.

FABRIÇIO.	¿Está aquí el buen Feliçiano?		
FELIÇIANO.	Aquí estoy, Fabriçio amigo.		1240
FABRIÇIO.	Oye aparte. Es Dios testigo		
	que vengo perdido, hermano.		
	Lleban a mi padre agora		
	presso, por dos mil reales.		
	Si tú al remedio no sales	[27r]	1245
	de un hijo que un padre adora,		
	y sobre aquesta cadena...		
FELIÇIANO.	Quedo, no me digas más.		
	¿Prendas a mis prendas das?		
	¡Por Dios, que la prenda es buena!		1250
FABRIÇIO.	Pues ¿no es bastante piedad		
	dar sobre prenda el dinero?		
FELIÇIANO.	Al amigo, al conpañero		
	con quien professo amistad,		
	¿en qué le sirbo si doy		1255
	oro sobre oro?		
FABRIÇIO.	No digas		
	que en dármelo, no me obligas;		
	tómala, y tú esclabo soy.		
FELIÇIANO.	El dármela te condena,		
	aunque el buen término alabo,		1260
	pues que te llamas mi esclabo		
	y te quitas la cadena.		
	Ten la cadena, Fabriçio,		
	en muestra de obligaçión,		
	pues que las cadenas son		1265
	de los esclabos yndiçio.		
FABRIÇIO.	Tendréla para mostrar		
	que es tuya y que tuyo soy,		
	pues el oro en que la doy		

	es yerro que puede atar.	1270
	Vivas mil años, y advierte	
	que me acordaré de ti	
	mientras vive el alma en mí,	
	y ella, después de mi muerte.	
FELIÇIANO.	Galindo.	
GALINDO.	¿Señor?	
FELIÇIANO.	Da luego	1275
	dos mil reales a Fabriçio.	
FABRIÇIO.	¿Qué dizes?	
FELIÇIANO.	Este es mi ofizio;	
	no repliques.	[27v]
GALINDO.	¿Estás çiego?	
FELIÇIANO.	Camina.	
GALINDO.	Vente conmigo.	
	¡Con buen pie nos lebantamos!	
	(Vanse Galindo y Fabriçio.)	

[Escena 4]

FELIÇIANO.	¿Adónde queréis que vamos?	
RICARDO.	Dondequiera yré contigo,	
	aunque donde sabes sea.	
FELIÇIANO.	¿Darásme çelos?	
RICARDO.	Ya no,	
	que ya sé que me perdió,	1285
	por ganarte Dorotea.	
FELIÇIANO.	¿Quiéresla bien?	
RICARDO.	No te osara	
	deçir que la quiero bien,	
	aunque a su hermoso desdén	
	la voluntad ynclinara,	1290
	con temor que me la dieras,	

	como Alexandro a su amiga,	
	si tal grandeza te obliga,	
	que ser Alexandro esperas.	
FELIÇIANO.	Perdone Alexandro en esso;	1295
	no puede ser que yo sea	
	liberal con Dorotea.	
	Ser ynferior le confiesso;	
	piérdome quando ymagino	
	que Alexandro se la dio;	1300
	mas pienso que le çegó	
	ser tan inclinado al vino.	
RICARDO.	D'eso le culpan historias.	
FELIÇIANO.	Si la dio fuera de sí,	
	yo no, porque estoy en mí	1305
	y no quiero ynfames glorias.	
	¿Cómo no viene, Fulgençio,	
	Tancredo, como solía	
	que está nuestra conpañía	
	sin su presençia en silençio?	[28r] 1310
FULGENÇIO.	¿Pues eso dizes? ¿No sabes	
	que está presso?	
FELIÇIANO.	¡No, por Dios!	
	Abrá más de un mes que dos	
	mançebos brabos y grabes	
	le acuchillaron mui bien;	1315
	defendióse, al uno hirió;	
	prendiéronle y conçertó	
	la herida; aguarda que den	
	a su tío unos dineros,	
	y por esto se está allí.	1320
FELIÇIANO.	Agravio me han echo a mí,	
	que fuera de los primeros	
	que a serville huvieran ydo,	
	que le soy afiçionado.	
	La herida ¿qué le ha costado?	1325

FULGENÇIO.	Çien escudos le han pedido.	
FELIÇIANO.	Bamos a missa, y de allí por la cárzel entraremos y a comer nos le traheremos. ¿Queréys vos yr?	
RICARDO.	Señor, sí.	1330
FELIÇIANO.	Pues oy comeremos todos en regozijo del presso; no lo estuviera por esso siendo tan fáçiles modos para darle libertad; çierto que siento el agrabio.	1335

[Escena 5]

Un criado.

UN CRIADO.	Aqui está un paje de Otabio.	
FELIÇIANO.	Lo que quiere preguntad.	
CRIADO.	Aquel caballo de ayer.	
FELIÇIANO.	Si le pide cada día,	1340
	pareze descortessía	
	no ver que le ha menester;	[28v]
	di que un lacayo le llebe y se le dé de mi parte. *(Vase el criado.)*	
RICARDO.	No siento cómo alabarte,	1345
	puesto que mil vezes pruebe.	
FELIÇIANO.	Tiniéndome por amigo, que es la mayor alabanza; que quien amigos alcanza, tiene todo el bien que digo.	1350
	De todos procuro el gusto, que hazer bien, nunca se pierde.	

MÚSICOS.	¿No dizes que se le acuerde del vestido?	
FELIÇIANO.	Y es mui justo; da, Galindo dos vestidos de color a estos galanes. *Váyanse Feliçiano, Fulgençio y Ricardo.*	1355

[Escena 6]

GALINDO.	¡Qué gentiles gavilanes! ¡Y qué exenplo de perdidos! ¡Pobre seso y pobre hazienda!	
MÚSICOS.	¡A, seó Galindo famoso, camarero generoso!	1360
GALINDO.	D'este caballo sin rienda.	
MÚSICOS.	D'este prínçipe, dirá; ¿cómo no nos manda nada, pues la guitarra y la espada toda a su serviçio está? ¿No ay alguna a quien nos llebe de noche a cantar?	1365
GALINDO.	Quisiera cantar a çierta platera, más de carbón que de niebe; pero no sé si tenéys letras que toquen ystoria.	1370
MÚSICOS.	¡Historia!... ¿Qué más notoria, si d'ellas gusto tenéys, que aquesta del condestable? Deçiséys romanzes sé.	[29r] 1375
GALINDO.	Daldo al diablo, que no fue la de Orlando tan notable. ¿Qué piensan estos poetas,	

          pues, que no ay semana alguna 1380
          sin don Albaro de Luna
          y otros quarenta planetas?
             Romanzes de tres en tres
          a un enfadoso sujeto;
          mas, como es luna, en efeto, 1385
          sale nueba cada mes.
             Yo querría . . .

MÚSICO.   ¿Qué? ¿Canziones,
          liras, sonetos, sestinas . . .?

GALINDO.   Más calabazas y endrinas,
          guindas, peras y melones; 1390
             aquello de yr a Tanbico
          antes que te buelbas mona.

MÚSICO.   Ya lo entiendo: la chacona.

GALINDO.   Eso, por Dios, le suplico;
             y encajen tanbién allí 1395
          cómo se va poco a poco
          al ospital este loco
          de mi amo.

MÚSICOS.   ¿Cómo ansí?

GALINDO.   Dando y haziendo merzedes
          a damas, brabos, galanes, 1400
          y vestidos a truhanes,
          perdonen vuesas merzedes;
             vengan y tengan paçiençia, [29v]
          que mui presto querrá Dios
          que nos quedemos los dos 1405
          a la luna de Valenzia.

[Escena 7]

*Váyanse y entren Faustino, viejo, y Leonarda,
con manto y escudero.*

FAUSTINO. Aunque te encuentre en la calle,
te he de hablar, ¡Dios te bendiga!
que aun sin conozerte, obliga
tu gracia, donaire y talle. 1410
¿Dónde bueno por aquí,
sobrina?
LEONARDA. De misa vengo.
FAUSTINO. Yré contigo, que tengo
que hablarte.
LEONARDA. ¿Qué hablarme?
FAUSTINO. Sí.
LEONARDA. ¿Sobre qué, por vida mía? 1415
FAUSTINO. Allá en casa lo sabrás.
LEONARDA. A las mugeres jamás
les digas: "Esto querría."
Muero por saber lo que es.
No llegaré a casa viva. 1420
FAUSTINO. Yo quiero hazerte cautiva;
lo demás sabrás después.
LEONARDA. Sin duda que es casamiento.
FAUSTINO. Un caballero te pide.
LEONARDA. Haz quenta, señor, que mide 1425
las alas del pensamiento.
FAUSTINO. Es mui rico y gentilombre.
LEONARDA. Bastava ser de tu mano.
¿Es acaso Feliçiano?
FAUSTINO. ¿Cómo? No conozco ese ombre. 1430
LEONARDA. Un mozo que ha pocos días
que heredó.
FAUSTINO. Ya sé quién es.
¡Jesús, Leonarda, no des

en tan locas fantasías! [30r]
　　Esse es un mozo perdido, 1435
fábula d'este lugar;
todo rameras, gastar,
jugar y vestir luçido.
　　Allá es la conversaçión,
allá las fiestas y çenas, 1440
allá de vidas agenas
la injusta murmuraçión;
　　allá verás el mozuelo,
que tiene bien que mirar
en su cassa, murmurar 1445
de las estrellas del çielo.
　　Es de balientes sagrado,
es de amantes un asilo.

LEONARDA. ¿Qué tiene tan mal estilo?
FAUSTINO. ¡Ay de aquel su padre onrrado, 1450
　　que ganó tan poco a poco
esta hazienda que él despende!
Como el trabaxo no entiende,
despréçiala como loco.

LEONARDA. 　　¡Ay de mí!, que aunque os encubro, 1455
tío, mi pena y dolor,
fiada en sangre y amor,
oy hasta el alma os descubro.
　　Sabed que en conversaçión
ese mozo se ha alabado 1460
de que a Leonarda a gozado,
y que por esta raçón
　　nadie será mi marido
sino es que él mismo lo es.

FAUSTINO. ¡Cómo! ¿Eso passa, después [30v] 1465
que anda este loco perdido?
　　¡Vive Dios, que aunque la espada,
aunque en causa tan deçente

	como es tu honrra, sustente	
	apenas la mano elada,	1470
	que le tengo de buscar	
	y deçirle que has de ser,	
	a su pesar, su muger!	
LEONARDA.	Oye.	
FAUSTINO.	No te açierto a hablar.	
	Base.	
LEONARDO.	Señor..., ya se fue.... Eso quiero,	1475
	y que mis deudos, ayrados,	
	le obliguen a los cuidados	
	con que me engañó primero.	
	Darle tengo en quanto pueda	
	pesadumbre, que mi onor	1480
	da vozes, y dize amor	
	que más agraviado queda.	
	¡Triste de mí, que aquí viene!	
	Quiero taparme.	

[Escena 8]

Entren Feliçiano, Fulgençio y Tancredo y Ricardo.

TANCREDO.	No sé	
	con qué pagaros podré,	1485
	si el alma caudal no tiene;	
	y assí, en el que agora muestra,	
	podrá deçir con raçón	
	que yo salgo de prisión	
	y que ella ha entrado en la vuestra,	1490
	porque aquellos grillos ya	
	pasan de los pies a ella,	
	porque obligalla es prendella	
	en cárzel que no se yrá.	

FELIÇIANO.	Tancredo, mayor ventura	[31r]	1495
	es el dar que el reçivir,		
	y así puedo yo deçir		
	que es mi obligaçion segura.		
	Debo al çielo, que me dio		
	con que poderos librar,		1500
	y a vos la causa del dar,		
	pues d'esta virtud me onrró.		
	No tratéis d'esto jamás,		
	que ser el presso os confiesso,		
	porque aquél está más preso		1505
	que dio poco a quien es más.		
FULGENÇIO.	No será aquí mal montante		
	esta dama, por mi vida.		
FELIÇIANO.	¡Buena presençia!		
TANCREDO.	¡Escojida!		
RICARDO.	Quedo, que ay puente y gigante.		1510
TANCREDO.	No temas el escudero,		
	que es un caduco.		
FELIÇIANO.	Allá voy.		
	¡Buen talle, a fee de quien soy!		
	¡Bueno, a fee de caballero!		
LEONARDA.	Bueno o malo, así le agrada		1515
	a su dueño.		
FELIÇIANO.	Si lo fuera,		
	estoy por deçir que diera...;		
	pero todo el mundo es nada.		
LEONARDA.	¿Así, soys vos aquel ombre		
	que pintan mui liberal?		1520
FELIÇIANO.	Liberal en ser leal		
	a quien mereze este nombre.		
LEONARDA.	Vos os enpleáys mui bien,		
	sino que os pagan mui mal,		
	y para quien es leal		1525
	la deslealtad no está bien.		

	Huélgome de conozeros;	[31v]
	¡Ay, talle mal enpleado	
	en muger que la han conprado	
	tantos con pocos dineros!	1530
FELIÇIANO.	Pesada soys, por mi vida,	
	y algo satírica estáys;	
	mal de mugeres habláys,	
	siéndolo.	
LEONARDA.	Estoy ofendida	
	de que a tal muger os déys,	1535
	que estoy contenta de vos.	
FELIÇIANO.	Queredme vos y, por Dios,	
	que de esse error me saquéis.	
LEONARDA.	No lo creáis, que han probado	
	otros de mucho balor;	1540
	pero un desonesto amor	
	venze a todo amor onrrado.	
	Los onbres apeteçéys	
	tiros, trayçiones desbelos,	
	mentiras, cuentos y çelos,	1545
	que es la leña con que ardéys.	
	Yo sé de çierta Leonarda	
	que está muriendo por vos...	
FELIÇIANO.	No me la mentéis, por Dios,	
	¡mal fuego la ençienda y arda,	1550
	que es la cosa más pessada	
	que en mi vida conoçí!	
LEONARDA.	¿Que tiene malo?	
FELIÇIANO.	Que a mí	
	en todo me desagrada.	
LEONARDA.	¿Es mui fea?	
	No es mui fea.	1555
LEONARDA.	¿Es neçia?	
FELIÇIANO.	Discreta es.	

[Escena 9]

Entren tapadas en sus mantas Dorotea y Clara. [32r]

CLARA.	¿Es él?	
DOROTEA.	El mismo que ves.	
CLARA.	Cúbrete bien, Dorothea.	
DOROTEA.	Con una muger está.	
CLARA.	¡Buen talle! ¿Quién puede ser?	1560
RICARDO.	Aquí viene otra muger.	
FULGENÇIO.	Tras Feliçiano vendrá.	
	Todas sigen su dinero.	
RICARDO.	Son mosquitos de ese vino.	
DOROTEA.	Ya con çelos desatino.	1565
CLARA.	Espera y calla.	
DOROTEA.	Ya espero.	
LEONARDA.	¿Porqué no amáis a Leonarda, si essas partes confessáis?	
FELIÇIANO.	Mucho de su parte estáis.	
LEONARDA.	Vos me deçís que es gallarda.	1570
FELIÇIANO.	Porque pide casamiento, que es capítulo terrible.	
LEONARDA.	¿Eso os pareçe ymposible, si tiene mereçimiento?	
DOROTEA.	No me mandes esperar; llamar quiero, ¡ha, caballero!	1575
FELIÇIANO.	¿Llamáisme a mí?	
	Tapadas todas.	
DOROTEA.	A vos, que os quiero en çierto negoçio hablar.	
LEONARDA.	Si son çelos, por mi vida, que de mí no los tengáis.	1580
DOROTEA.	Çelos no, aunque vos podáis dar çelos y ser querida.	
LEONARDA.	Pues deçid lo que queréys.	
DOROTEA.	¿Aquí, delante de vos?	

LEONARDA.	¿Por qué no?	
DOROTEA.	¡Bueno, por Dios!	1585
	¿Luego vos çelos tenéys?	
LEONARDA.	Si vos los tenéis de mí,	
	¿no es bien que de vos los tenga?	
FULGENÇIO.	¡Ay tal cossa! ¡Que esto venga	[32v]
	a passar aquí por ti!	1590
LEONARDA.	Quando aqueste galán fuera	
	mui mío, estad vos segura	
	qué temiendo mi ventura,	
	luego al momento os le diera.	
	Soy cobarde para ser	1595
	çelosa de lo que quiero;	
	a solas suspiro y muero,	
	nunca lo doy a entender.	
	Ay damas de lo fingido,	
	d'estas que vendibles son,	1600
	que hazen grande obstentaçión;	
	todo su amor es ruido.	
	Soy muger de otra labor;	
	no pido en público çelos,	
	porque me han dado los çielos	1605
	çientas quartanas de honor.	
	¿Ese onbre es vuestro galán?	
DOROTEA.	No, sino vuestro, y es justo,	
	pues le hallé con vuestro gusto,	
	y sin él todas se van;	1610
	parado estava con vos,	
	hágaos, dama, buen probecho,	
	que de lo visto sospecho	
	que no os queréys mal los dos.	
FELIÇIANO.	Quedo, señoras, quedito.	1615
	No peloteen el hombre,	
	que haré que alguna se asombre	
	si la máscara me quito.	

	Una me saca, otra buelbe;	
	ténganse que harán mil faltas	1620
	si a jugar pelotas altas	[33r]
	çelos y amor se resuelbe.	
	Digan de quién he de ser	
	y no me arrojen aquí.	
DOROTEA.	Ya os digo que os bais allí,	1625
	que yo no os he menester.	
FELIÇIANO.	¿No las veremos las caras?	
	Quizá son algunas viejas	
	que en la edad corren parejas.	
DOROTEA.	Sí soy; la edad mido a varas.	1630
	¡Vaya por su vida allí!	
LEONARDA.	¡Ea! No sea melindrosa;	
	quizá será alguna diosa	
	d'estas de guademezí.	
	¿Quánto va que tiene alcoba	1635
	con paramento delante,	
	vieja y caballero andante?	
DOROTEA.	¿Quién se lo dixo a la boba?	
LEONARDA.	El talle y modo de hablar,	
	con el manto a lo bellaco.	1640
DOROTEA.	¡Oyga, que desata el saco	
	la señora del pajar!	
LEONARDA.	Pues, marquesa de San Sueña,	
	¿no puedo hablar siendo onrrada?	
DOROTEA.	Si era la saya alquilada,	1645
	¿por qué no alquiló una dueña?	
	Báyase, por vida mía,	
	con este galán de alcorza,	
	y tome en casa el alforza	
	dos dedos por cortesía.	1650
LEONARDA.	Esta saya se cortó	
	para quien puesta la tiene;	
	si larga o si corta viene,	[33v]

	no tengo la culpa yo.	
	Esa suya, podrá ser	1655
	se la diesse algún galán	
	de los que en el corro están.	
DOROTEA.	¡A plazer, ninfa, a plazer!	
LEONARDA.	¿Cómo ninfa? D'esa duda	
	quiero que salga tanbién;	1660
	antes le vendrá más bien,	
	si vive, de andar desnuda.	
	Descúbrese Dorotea.	
DOROTEA.	Yo soy onrrada muger	
	y dondequiera que sea	
	puedo...	
FELIÇIANO.	Jesús, Dorotea,	1665
	¿qué es esto?	
DOROTEA.	¿Qué puede ser?	
	Tus damas, tus neçios gustos	
	que traes, porque a tus ojos	
	me den yguales enojos.	
FELIÇIANO.	¿Yo soy parte en tus disgustos?	1670
	Dios me quite aquí la vida	
	si sé quién es la muger...	
	Descúbrase Leonarda.	
LEONARDA.	Si lo pudieras saber,	
	fuera de ti conoçida,	
	y, siéndolo, me estimaras.	1675
	Leonarda soy. ¿Qué te admiras,	
	si no es que quando me miras	
	en mis méritos reparas?	
	Yo soy a quien tanto debes,	
	y muger que no hallarás	1680
	quien te diga que jamás...	
FELIÇIANO.	¿Cómo, aquí los labios muebes?	
LEONARDA.	¿Por qué no, con onrra tanta?	
	¿Ay alguno acaso aquí	[34r]

	que pueda deçir de mí	1685
	lo que de ésa que te encanta?	
	¿Dónde estarás que no tengas	
	al lado un conpetidor,	
	quando a tratar de tu onor	
	entre tus amigos vengas?	1690
	Buelbe y mira, que Ricardo,	
	aun de los que están aquí,	
	se está burlando de ti.	
FELIÇIANO.	¡Esto te sufro! ¡Esto aguardo!	
	¡Vete, ynfame, donde calles!	1695
	Déla un bofetón.	
RICARDO.	Quedo, no tienes razón.	
LEONARDA.	¿En mi rostro un bofetón,	
	y en las más públicas calles?	
	¡Esto sufre la justiçia!	
	¡Esto el çielo! . . .	
FELIÇIANO.	Aquesta daga	1700
	haré yo que lugar haga	
	a tu alma y tu maliçia.	
RICARDO.	¡Tente, acaba, que estás loco!	
FULGENÇIO.	¿Qué es aquesto, Feliçiano?	
DOROTEA.	¡Tenelde, por Dios, la mano!	1705
LEONARDA.	Para mi amor todo es poco.	
	¡Dexalde! ¡Acábeme ya!	
	¿Qué mayor ventura y suerte	
	que ver que me da la muerte	
	el que la vida me da?	1710
	Dichoso rostro, pues gano,	
	ya que yo su esclaba fuesse,	
	que los yerros me pusiesse,	
	del que es mi dueño la mano.	
	¿Cómo podré yo negar	1715
	que de Feliçiano soy,	[34v]
	pues ya de su mano estoy	

        errada en tan buen lugar?
           Señores, no le culpéys,
        que yo he dado la ocasion;   1720
        a todos pido perdón,
        suplícoos me perdonéys.
        Cúbrase. Váyase Leonarda.

RICARDO.   ¡Si otro su rostro ofendiera,
        con la daga o con la mano,
        que no fuera Feliçiano,   1725
        aquí un desatino hiziera!
           Boyla aconpañar, y quiero
        que en tu vida me hables más.

FELIÇIANO.   ¡Ricardo, Ricardo!
RICARDO.   Estás
çiego y loco; allá te espero.   1730
Váyase Ricardo.

[Escena 10]

FELIÇIANO.   Basta, que se va enojado.
        Todo por servirte ha sido.
DOROTEA.   Más porque tu amor fingido
        con esto se ha declarado.
           Pues tratas otra muger   1735
        y engáñasme d'esa suerte,
        en mi vida pienso verte,
        ni en tu vida me has de ver.
FELIÇIANO.   Oye, escucha, Dorothea,
        mira que ha un año más...   1740
DOROTEA.   Déxame.
FELIÇIANO.   ¿Dónde te vas?
DOROTEA.   Donde ninguno me vea.
Váyase Dorotea.

FELIÇIANO.	¡A, Clara, tenla, por Dios!	
CLARA.	¿Qué la tengo de tener,	
	si tienes essa muger	1745
	y andas engañando a dos?	
	Y Clara (se va).	
FELIÇIANO.	Fuesse.	
FULGENÇIO.	No te espantes d'esso,	
	que es muger y esta çelosa.	[35r]
TANCREDO.	Tiene razón, que es hermosa	
	Leonarda.	
FELIÇIANO.	Yo pierdo el seso,	1750
	que a ninguna conozí.	
	Entre Galindo.	
GALINDO.	En el escritorio están	
	Fabio, Tribulçio y don Juan.	
FELIÇIANO.	¿Pues qué esperan?	
GALINDO.	Sólo a ti,	
	que la palabra les diste	1755
	de hazer aquella fianza,	
	y están con la confianza	
	de que tú lo prometiste.	
FELIÇIANO.	¡Fiar en diez mil ducados,	
	vive Dios, que es grave cosa!,	1760
	mas tanbién es vergonzosa	
	dexar tres ombres burlados.	
	Todos tres son mis amigos.	
	¿Pues los amigos qué son?	
	¿No más de conversaçión,	1765
	ser de los gustos testigos,	
	comer, çenar, murmurar,	
	y en llegando el menester,	
	acordarse del plazer	
	y huir el rostro al pessar?	1770
	Fiarlos tengo; camina.	
FULGENÇIO.	Contigo yremos los dos.	

Vanse.

[Escena 11]

GALINDO.	¡Loco es este ombre, por Dios!	
TANCREDO.	Su buena sangre le ynclina	
	a ser amigo de veras,	1775
	a professar amistad.	
	¿Qué quieres? Trata verdad...	
GALINDO.	¡Quita allá, que son quimeras!	
	¡En siglo tan estragado	[35v]
	se mete a ser buen amigo!	1780
TANCREDO.	Del bien que a usado conmigo	
	estoy, Galindo, obligado.	
GALINDO.	En esta edad es discreto	
	el que más otro engaña,	
	el que vende, el que enmaraña,	1785
	el que no guarda secreto;	
	el canbiador, el logrero,	
	el que haze la mohatra,	
	el que el dinero ydolatra,	
	el chismoso, el chocarrero,	1790
	el soplón, falso testigo,	
	el que murmura de todo,	
	el que habla a un mismo modo	
	al amigo y enemigo,	
	el que espera en una esquina	1795
	al que habla la muger	
	y para hazerle prender	
	como otro Judas camina;	
	el que enbidiando los buenos,	
	todo es enbidia y mentira;	1800
	el que sus vizios no mira	

y murmura los agenos.
   Y assí tengo para mí
que se pierde Feliçiano,
que la llabe de la mano 1805
no se puso en balde allí.
   Llamarla llabe es deçir
que la mano esté con llabe;
quando el dinero se acabe, [36r]
¿qué ha de hazer?, ¿dónde ha de yr? 1810

TANCREDO.   Los amigos que ha ganado
le darán fabor.
GALINDO.   ¿Fabor?
¡Plega a Dios!
TANCREDO.   Dexa el temor.
GALINDO.   Temo este relox errado,
   que así llamava un discreto 1815
al siglo.
TANCREDO.   Ven por aquí.
GALINDO.   Quien ama, teme.
TANCREDO.   Es ansí,
porque es del amor effeto.

[Escena 12]

Leonarda y Ricardo.

RICARDO.   Digo que si vos queréys,
esta noche os le doy muerto. 1820
LEONARDA.   Aunque es vuestro balor çierto
y tal opinión tenéis,
   os suplico lo contrario.
RICARDO.   Si lo negáis por temor
del daño del vuestro honor, 1825
no es conmigo neçesario.

                ¡Vive Dios, que ha de morir
al unbral de Dorothea,
sin que parte el mundo sea
para poderlo ympedir!   1830

LEONARDA.   Si entendéis, señor Ricardo,
que adoro en este mançebo,
no dudéis que no lo apruebo,
porque en mi honor me acobardo.
        Sin duda le quiero bien,   1835
y quiérole bien de suerte
que sólo pensar su muerte
no ay más muerte que me den.

RICARDO.   Pues bástame essa razón   [36v]
para quitarle la vida,   1840
siendo vos de mi querida
quanto esos méritos son;
        que quitándole delante
y viendo que os obligé,
si no mi talle, mi fee   1845
os dará ocasión bastante;
        que el bofetón que él os dio,
no os le dio a vos, sino a mí,
que puse el alma que os di
en el lugar que agravió,   1850
        y son las pruebas mejores
que, dándo[o]s el golpe a vos,
vieron en mí más de dos
la vergüenza y las colores.
        Si yo no os hubiera hablado,   1855
aún era la obligaçión
de vengar el bofetón
digna de un ydalgo onrrado.
        Quedad, señora, con Dios,
y esta noche me esperad   1860
con las nuebas.

LEONARDA.   Aguardad,
que tengo que hablar con vos.
RICARDO.   Estoy ya determinado;
no ay que tratar.
Váyase Ricardo.

[Escena 13]

LEONARDA.   Esto es echo,
que le ha de matar sospecho.   1865
¡O injusto, o traydor soldado!
  ¡Ay, mi bien, que está tu vida
en gran peligro! ¿Qué haré?
Pero yo le avisaré,   [37r]
por más que el onor lo inpida,   1870
  dondequiera que estuviere,
porque un verdadero amar
sólo quiere conservar
la vida de lo que quiere.
Váyase.

[Escena 14]

Entren Clara y Dorotea.

DOROTEA.   ¿Doblaste los mantos ya?   1875
CLARA.   Ya, señora, los doblé.
Triste estás.
DOROTEA.   Tengo por qué;
nuestro páxaro se va.
CLARA.   Quando se vaya, te quedan
más de quatro mil ducados,   1880
sin otros tantos gastados

                de las plumas que se enrredan.
                  Déxale, y baya en buen ora,
                aunque si él ama la dama
                que oy has visto, mucho infama   1885
                su amor y su onor desdora.

DOROTEA.   ¡Ay, Clara! Nunca los onbres
                la mano y la daga ofrezen
                a las cosas que aborrezen,
                ni les dizen tales nonbres.   1890
                  Sé yo toda la cartilla
                d'esta escuela de querer;
                sienpre el raso y la muger
                o se aprensa, o se acuchilla.
                  Ya estará el buen Feliçiano   1895
                poniendo con ansia loca
                siete mil vezes la boca
                donde una puso la mano.
                  ¡Qué le dirá de regalos!
                ¡Qué pedirá de perdones!   [37v] 1900
                Que ay ombres mui regalones
                después de unos buenos palos.
                  ¡Pues qué contenta estará
                la buena de la muger!
                Echávasele de ver,   1905
                porque le abonava ya.

CLARA.   No me puedo persuadir
                que, afrentada, quiera bien.
DOROTEA.   Todas quieren que las den.
CLARA.   De comer y de vestir.   1910
DOROTEA.   No sé lo que dizen, digo.
CLARA.   Allá dixo un bachiller
                que era animal la muger
                que gustava del castigo.
DOROTEA.   Passo, Clara, gente viene.   1915
CLARA.   ¡Por Dios, señora, que es él!

DOROTEA.	Costarále al moscatel.
CLARA.	Mesúrate.
DOROTEA.	Esso conviene.

[Escena 15]

Feliçiano, Fulgençio, Tancredo, Galindo.

FELIÇIANO.	Estarás mui enojada.	
	¿No hablas? ¡Bueno, por Dios!	1920
GALINDO.	Más sesgas están las dos	
	que una borrica enbarcada.	
FELIÇIANO.	Alça los ojos del suelo;	
	no des luz en cosa yndina	
	ni pongas al sol cortina	1925
	que dé venganza al del çielo;	
	mira que estás obligada,	
	y, que no es razón, çelosa.	
DOROTEA.	Tiéneme mui vergonzosa	
	la desbergüenza passada. [38r]	1930
	¡Tú darme çelos a mí,	
	y fingir no conozerme	
	para ver desconponerme!	
FELIÇIANO.	¡Yo, mi bien! ¡Yo a ti!	
DOROTEA.	Tú a mí.	
	Y después, porque yo viesse	1935
	que tenías mui sujeta	
	una muger tan discreta,	
	si en no quererte lo fuesse,	
	haziendo mui del rufián,	
	le das aquel bofetón.	1940
	¿Tú te hazes socarrón?	
	¿Tú eres el tierno, el galán?	
	¿Tú el llorón, tú el obediente?	

        No fío de vos la cara,
        hermano, a la que repara   1945
        que yo soy algo ynsolente.
           Vete con Dios, Feliçiano,
        sal de mi cassa; no más
        bofetón y çelos das:
        pessada tienes la mano.   1950

FELIÇIANO.   Tan pessada que conpré,
        de camino, para ti
        la joya que traygo aquí
        y que agora te daré.

DOROTEA.   ¡Jesús!, de gastos escusa.   1955
        No quiero nada, no, no.

CLARA.   Muestra, tomaréla yo.
        ¿Qué es esto?

FELIÇIANO.   Lo que se ussa:
      un brinco con çien diamantes;
        mil ducados me costó.   1960

GALINDO.   Los çiento le diera yo   [38v]
        a las dos diçiplinantes,
          y los mil a un escritorio.
        ¡Ha, pobre seso echizado!
        ¡Mas que ha de darse el cuitado   1965
        como los cuartos de Osorio!

CLARA.   Ea, dexa los enojos;
        mira que te quiere bien.

DOROTEA.   ¡Ay, Clara! ¿Tú eres tanbién
        en engañarme a los ojos?   1970
          No te çiege el ynterés,
        que más te ynporta mi vida,
        por este traydor perdida.
        Quedo.
        ¿Qué es eso?

CLARA.   Una joya es.

DOROTEA.   ¿Es buena?

CLARA.	De mil ducados.	1975
DOROTEA.	Ruégame más.	
CLARA.	Es, señora,	
	mira que llora y te adora;	
	buelbe essos ojos ayrados.	
	Fulgençio, ruégale tú;	
	ruégaselo tú, Tancredo;	1980
	Galindo, llega.	
GALINDO.	No puedo.	
DOROTEA.	No me canséys. ¡Ay, Jesú!	
FULGENÇIO.	Ea, que estás ya cansada.	
TANCREDO.	Háblale, por vida mía.	
GALINDO	¡Ay mayor bellaquería!	1985
(Aparte).	¡O, bellaca redomada!	
	¡O, tahura de querer!	
	¡O, guillota de fingir!	
	¡Que un ombre pueda sufrir	
	engaños de una muger!	1990
FELIÇIANO.	Háblame, mi bien, pues ya	[39r]
	mira que me estoy muriendo.	
DOROTEA.	¿Qué te he de hablar?	
GALINDO.	Sí, fingiendo	
	como hasta agora lo está.	
DOROTEA.	Aora bien, con condizión	1995
	que no me ha de dar más çelos.	
FELIÇIANO.	No me perdonen los çielos	
	si más te diere ocasión.	
	Abrázanse.	
DOROTEA.	¡Qué bien sabes engañarme!	
GALINDO.	A la trocada lo di.	2000
FELIÇIANO.	¿Qué haremos todos aquí?,	
	que quiero desenfadarme.	
	Pero traygan de çenar,	
	y entre tanto jugaremos.	
FULGENÇIO.	Si ay messa, naypes tenemos.	2005

Llégense a la mesa.

FELIÇIANO. Pues comienza a barajar.
　　　　　Tú, toma aquesos doblones
　　　　　y trae çena bastante,
　　　　　y llama Arsindo, que cante.
GALINDO. Más quien te reze oraçiones. 2010
TANCREDO. Al parar podéys jugar.
FULGENÇIO. Estos juego; alçe Tancredo.
TANCREDO. En las faltriqueras puedo
　　　　　un archero aposentar.
　　　　　Sólo tengo estos papeles 2015
　　　　　de una dama, y que son tales;
　　　　　hago sobre'llos çien reales.
FELIÇIANO. ¿Jugar los fabores sueles?
　　　　　¡Bizarro tahur de amor!
　　　　　Guárdalos porque estén mudos, [39v] 2020
　　　　　y juega estos treynta escudos.
FULGENÇIO. ¿Quién da mano?
TANCREDO. 　　　　　　　La mayor.
CLARA. Un gentilonbre enbozado,
　　　　Feliziano, quiere hablarte.
FELIÇIANO. ¿No te ha dicho de qué parte¡ 2025
CLARA. Ya está dentro; oye el recado.

[Escena 16]

Entre Leonarda, en hávito de onbre, enbozada.

LEONARDA. Lee este papel.
FELIÇIANO. 　　　　　Sí haré.
Lea.
"Ricardo te está esperando
para matarte."
FELIÇIANO. 　　　　　¿Pues quándo

le di causa? ¿A mí, por qué? 2030
¿Queda este infame en la calle?
LEONARDA. Allí queda.
FELIÇIANO. Pues los dos
venid conmigo.
FULGENÇIO. Por Dios,
que has de afrentalle o matalle.
Váyase Feliçiano, Fulgençio y Tancredo.

[Escena 17]

DOROTEA. ¿Esto es pendençia, galán? 2035
LEONARDA. Pendençias dizen que son
sobre çierto boffetón.
DOROTEA. ¿Y son más que los que van?
LEONARDA. Sólo es un ombre el que espera.
DOROTEA. ¿Quién?
LEONARDA. El alférez Ricardo. 2040
DOROTEA. No lo hará mal, que es gallardo.
LEONARDA. Que no lo fuera quisiera;
mas ¿cómo estáys tan sin pena
quando acuchillarse van?
DOROTEA. Porque si no me la dan 2045
estoy de sentirla agena.
LEONARDA. ¡Bendígaos el çielo, amén!
DOROTEA. Soy de aquesta condiçión, [40r]
y por la misma razón
vos me parezéys mui bien. 2050
LEONARDA. Y vos me agradáis a mí,
que soys discreta y hermosa.
DOROTEA. Galán mozo.
CLARA. Linda cosa.
DOROTEA. ¿Queréys asentaros?

LEONARDA.	Sí.	
DOROTEA.	Entrad y dadme la mano.	2055
LEONARDA.	Por Dios, que me he de esforzar	
	por hazer salba al lugar	
	donde vive Feliçiano.	

Fin del 2º Acto
de *La prueba de los amigos*.

[40v, blanco]

ACTO TERCERO [41r]

[41v, blanco]

Los que hablan en este 3º Acto. [42r]

Fabriçio.	Galindo.
Don Tello.	Dorotea.
Julio.	Clara.
Cornelio.	Feliçiano.
Friso.	Leonarda.
Lerino.	Alberto.
Un criado.	Faustino.
Un alguazil.	Liseno.

[42v, blanco]

ACTO TERCERO [43r]

[Escena 1]

Entre Fabriçio y don Tello, yndiano, y Julio, lacayo.

FABRIÇIO.   Este, don Tello, es Madrid,
    cuya alma, quando espiró   2060
    su cuerpo, se la llebó
    el çielo a Valladolid.
     Este lugar es aquél
    que alabava en Sevilla
    por única maravilla.   2065

DON TELLO.   ¡Qué magestad vive en él!
     Desde Lima hasta la Abana
    y desde Cádiz aquí,
    lugar más bello no vi.
    ¡Qué calle, espaçiosa y llana!   2070
     ¡Qué edifiçios! ¡Qué alegría!

FABRIÇIO.   Quarenta años huésped fue
    de la corte.

DON TELLO.   Bien se ve
    que aposentarle podía

FABRIÇIO.   Por el camino te dije   2075
    que entre el bien que le ha quedado
    es çierto mozo heredado,
    que por su gusto se rije,
     donde es la conversaçión
    de la gente del lugar,   2080
    y que le has de visitar.

DON TELLO.   Por esso y porque es raçón
     digo que le quiero ver,
    y le soy afiçionado
    por lo que d'él me has contado. [43v] 2085

FABRIÇIO.   Si aquí te has de entretener

        mientras a la corte vas,
no ay donde puedas mexor,
porque, fuera de su humor,
notables cosas verás. 2090
    Aquí ay juego, aquí comedias,
aquí esgrimas y balentía;
la música todo el día
y noches que llaman medias.
    Aquí viene el alcagüete, 2095
la dama busca al galán,
aquí los çelos se dan,
aquí se muestra el villete.
    Canonizan de discreta
a la que está en buen conçepto, 2100
aquí registra el soneto
el siempre pobre poeta.
    Aquí se trata de Flandes,
ay nuebas de todo el mundo,
y d'él y del mar profundo 2105
se cuentan mentiras grandes.
    Aquí, en efeto, verás
un oráculo de Apolo
y un mozo que gasta él solo
por quatro grandes y aun más; 2110
    sólo entiende en hazer gusto
a qualquiera que conoze.

DON TELLO. Mil años el humor goze,
y que los viva es mui justo.
    Llébame, por vida tuya, [44r] 2115
a esse exemplo de amistad,
que es mucho que en esta edad
conozca el mundo la suya.
    Muchos amigos tendrá.

FABRIÇIO. No falta un ombre en Madrid. 2120
DON TELLO. ¿Es noble?

FABRIÇIO.	Vendrá del Çid
	mientras gasta.
DON TELLO.	Sí, vendrá.
FABRIÇIO.	Si los que tienen dineros
	los dan en toda ocasión,
	¿quién no jurará que son 2125
	hidalgos y caballeros?
DON TELLO.	Dizes bien; sólo el tener
	es la perfeta hidalguía,
	porque el dar es cortesía
	que está llamando a querer. 2130
	¿Está mui lexos su cassa?
FABRIÇIO.	Antes estamos en ella.
DON TELLO.	Hermosa portada.
FABRIÇIO.	Es bella;
	todo aqueste balcón passa
	a la otra parte que ves. 2135
	Milagro es estar çerrada,
	porque es de todos posada
	y cassa de todos es.
	¡Válame Dios! ¿A estas oras?
	¿Si se ha mudado de aquí? 2140
	¡Ha de allá!

[Escena 2]

Galindo, mui triste, en lo alto.

GALINDO.	Quién está aý?
DON TELLO.	Pienso que la cassa ignoras,
	que a ser de conversaçión,
	agora estuviera abierta;
	tal voz y çerrar la puerta, 2145
	señas de tristeza son.

	Llama tú, Julio.	[44v]
JULIO.	Pareze
	de las ya desanparadas;
	responde a las aldavadas
	eco, y la casa estremeze.	2150
GALINDO.	¿Quién está aý?
JULIO.	Aquella voz
	debe de ser de algún duende.
FABRIÇIO.	Ya de más çerca se entiende.
DON TELLO.	Torna a tocar.
FABRIÇIO.	Da una coz.

En alto.

GALINDO.	¿Quién llama? ¿Quien está aý?	2155
FABRIÇIO.	¿Es Galindo?
GALINDO.	El mismo soy.
FABRIÇIO.	¿Que tienes?
GALINDO.	Enfermo estoy,
FABRIÇIO.	¿No vive tu amo aquí?
GALINDO.	Ay gran mal.
FABRIÇIO.	¿De qué manera?
GALINDO.	Luego que a Sevilla fuiste,	2160
	que pienso que me dixiste
	entonzes que te ybas fuera,
	sobre dar un bofetón
	Feliçiano a una muger,
	quiso Ricardo poner	2165
	la mano el él a trayçión;
	mas súpolo Feliçiano,
	y desde allí a pocos días,
	poniendo a Ricardo espías,
	le asentó tan bien la mano	2170
	que se partió d'esta vida
	para dárnosla tan mala
	que solamente la yguala
	alguna en Argel sufrida.

   Prendieron a mi señor,   2175
y apretáronle de suerte
que el escapar de la muerte
fue del dinero el fabor;   [45r]
  del qual tanto se ha gastado
que estamos los dos en cueros,   2180
porque, en faltando dineros,
los amigos han faltado.
  Mas quando salir quería,
por conçierto de la parte,
forçándola a que se aparte   2185
con lo que quedado havía,
  por no sé quántas fianzas
de gran suma le enbargaron,
porque sus dueños quebraron,
rompiendo sus esperanzas.   2190
  No le quedó de su hazienda
cossa que no está perdida,
enbargada, o consumida,
o que a despreçio se venda.
  Asta la casa que ves   2195
dizen que oy han de tomar,
en acabando de echar
un colchón y dos o tres
  sillas que nos han quedado
y la messa del tinelo.   2200

FABRIÇIO. ¡Desbenturado mozuelo!
¡Jesús, en lo que ha parado!
  ¿Y está presso?

GALINDO.   Y de manera
falto de todo fabor
que del amigo mayor   2205
ni le tiene ni le espera.
  Todos se le han retirado;
un ombre no le visita,

| | y el triste al pródigo ymita,
que aun no le falta el ganado,   2210
   porque se le han atrevido   [45v]
chinches, mosquitos, pïojos,
que le comen a los ojos
las carnes desde el vestido.
DON TELLO.   Mobido me ha a conpasión.   2215
FABRIÇIO.   Quisiérale remediar;
yo le veré si ay lugar,
que es mi amigo, y es razón.
   Digo lugar, porque vengo
con aqueste ydalgo yndiano,   2220
que es en amistad ermano,
y como huésped le tengo.
   Galindo, adiós.
GALINDO.   Si podéys,
pues es de ombres prinçipales,
acordaos de dos mil reales   2225
que a buena cuenta tenéys.
FABRIÇIO.   Yo haré lo más que pudiere.
Buen Galindo, adiós.
GALINDO.   Adiós

Vase.

[Escena 3]

DON TELLO. ¿Qué, éstos son aquellos dos?
¿Quién ay que en el mundo espere?   2230
FABRIÇIO.   Por Dios, don Tello, que es justo
que así los castigue el çielo.
¡Bueno es que viva un mozuelo
con las leyes de su gusto!
   ¡Que dé como un gran señor,   2235

	que triunfe, gaste y que estrage
	la jubentud! ¡Muera, pague!
DON TELLO.	Faborezelle es mejor.
FABRIÇIO.	Faborézcale el que puede;

  dexemos malancolías   2240
y pasemos estos días,
que el tienpo alegres conçede,   [46r]
 con buena conbersaçión.
¡Pesia tal, qué grande olvido!
Si éste está preso y perdido,   2245
abrá una linda ocasión.

| DON TELLO. | ¿Cómo? |
| FABRIÇIO. | Sabed que servía |

una çierta Dorothea,
que es naturaleza fea
con ella, en la opinión mía;   2250
 discreta, pícara, grabe,
deçidora, linpia, vana,
quanto en una cortesana
de Plauto o Terenzio cabe.
 Por Dios que la habéis de ver,   2255
que está rica d'este loco,
y esto de yndiano es un coco
que espanta a qualquier muger.
 Yo os quiero ser buen terzero.

| DON TELLO. | Y yo quiero regalalla,   2260 |

si es tal, que pueda ocupalla
un mes mi gusto y dinero.
 No haré yo los desatinos
de su galán; mas daré
lo que baste, que bien sé   2265
las ventas d'estos caminos;
 que este mozo me declara
y da exenplo en los amigos,
que a los gustos son testigos,

	y al pesar buelben la cara.	2270
FABRIÇIO.	A su cassa emos llegado.	
	Clarilla sale al portal.	
DON TELLO.	¿Qué es Clara?	[46v]
FABRIÇIO.	Un claro cristal	
	de aquel ángel luminado.	

[Escena 4]
Clara entre.

	¡Clara mía!	
CLARA.	¡O, mi Fabriçio!	2275
	Seas bien venido.	
FABRIÇIO.	Creo	
	que mereze mi desseo	
	esse cortesano yndizio.	
CLARA.	¿De dó bueno?	
FABRIÇIO.	De Sevilla	
CLARA.	Gran tierra.	
FABRIÇIO.	No tiene ygual.	2280
	Diz que ay por acá gran mal.	
CLARA.	¿Mal, por tu vida, en la villa?	
FABRIÇIO.	¿Tan olvidada estás ya	
	de Feliçiano?	
CLARA.	Ya, hermano,	
	murió en casa Feliçiano;	2285
	luego muere el que no da.	
FABRIÇIO.	¡Qué! ¿Está preso?	
CLARA.	Y tan perdido	
	que no ay ombre que le vea.	
FABRIÇIO.	¿Y cómo esta Dorotea?	
CLARA.	Quiero dezir que has venido.	2290
	Pero dime tú primero,	

	¿quién es quien viene contigo?	
FABRIÇIO.	Es un yndiano, mi amigo,	
	mui rico y mui caballero,	
	a quien hemos de poner	2295
	como queda Feliçiano,	
	que es una bestia el yndiano	
	y adora en qualquier muger.	
CLARA.	Pues, Fabrizio, si este pez	
	nos truxesses hasta el çebo,	2300
	porque pareze algo nuebo,	
	quedará como una pez,	
	y tú no lo perderás;	
	voy a hablar con Dorotea.	[47r]

[Escena 5]
Entrese Clara.

DON TELLO.	Haz que esta Clara lo sea	2305
	porque se declare más.	
FABRIÇIO.	¿Qué claridad, pues afirma	
	que está sin moros la costa?	
DON TELLO.	Di que vengo por la posta,	
	que el hávito lo confirma,	2310
	porque no tome de asiento	
	mi amor, como escrivanía.	
FABRIÇIO.	En viendo su bizarría,	
	te dará estraño contento.	
DON TELLO.	¡Qué presto sale!	
FABRIÇIO.	Es discreta	2315
	y no es música en rogar.	
JULIO.	Tal Clara la fue a llamar.	
DON TELLO.	¿Qué ay, Julio?	
JULIO.	¡Linda estafeta!	

[Escena 6]

Dorotea y Clara.

DOROTEA.	Acá me obliga a salir	
	Clara; seáis bien venidos.	2320
JULIO	¡Qué de baxeles perdidos	
(Aparte).	aquí se deben de hundir!	
FABRIÇIO.	Vos seáis mui bien hallada,	
	que ya con el bien que estáis	
	en lo gallardo mostráis...	2325
(Aparte).	(¿No es bizarra?)	
DON TELLO	Es estremada.	
(Aparte).		
FABRIÇIO.	Partí por aconpañar	
	al señor don Tello.	
DOROTEA.	¿A quién?	
DON TELLO.	A quien os da el parabién	
	de la flor d'este lugar.	2330
FABRIÇIO.	De Sevilla abrá ocho días;	
	quiso ver aquesta villa	
	y a vos, que soys maravilla	
	suya.	
JULIO	¡Qué lindas harpías!	
(Aparte).		
DOROTEA.	¿Yo marabilla, Fabrizio?	[47v] 2335
	¡Maravíllome de ti!	
	Don Tello abrá visto en mí...	
JULIO	Que le quitará el juizio,	
(Aparte).	después de muchos doblones.	
DOROTEA.	¡Qué ynjustamente me estima	2340
	vuestra opinión!	
DON TELLO.	Hasta en Lima,	
	en antárticas regiones,	
	dizen que el tiempo no alcanza	
	lima que pueda romper	

	prisiones de tal muger,	2345
	si no la da su mudanza,	
	y que soys de la hermosura	
	reyna y de la discreçion.	
DOROTEA.	¿Qué allá tengo esa opinión?	
	¡Bálame Dios, qué ventura!	2350
DON TELLO.	Harto más lo será mía,	
	si vos me queréys mandar.	
DOROTEA.	Ya es tarde, ay poco lugar,	
	que es çerca del medio día.	
	Venidme a la tarde a ver.	2355
FABRIÇIO.	¿Para qué nos hemos de yr?	
DOROTEA.	Pues ¿en qué os puedo servir?	
FABRIÇIO.	Merçed nos podéys hazer.	
	Quando en cas de un gran señor	
	se hallan...	
DOROTEA.	Quedo, ya entiendo.	2360
	Comida están previniendo,	
	y tendrélo a gran fabor;	
	pero no sé si es bastante.	
DON TELLO.	Julio, toma este dinero:	
	serás oy mi despensero.	2365
JULIO.	Traeré asado un elefante.	
DOROTEA.	Entrad entretanto a ver	[48r]
	la cassa.	
DON TELLO.	¡Qué linpia y fresca!	
DOROTEA.	¿Es de probecho esta pesca?	
FABRIÇIO.	Un Feliçiano ha de ser.	2370
DOROTEA.	¿De dónde es?	
	D'este lugar,	
	aunque desde niño falta;	
	ten la caña firme y alta,	
	que es barbo de aliende el mar.	

[Escena 7]

Feliçiano, en hávito pobre.

    Cárzel, prueba de amigos y venganza, 2375
como dizen, de tantos enemigos,
que bastava dezir prueba de amigos,
si un preso y pobre algún amigo alcanza.
    Si es falsa hasta las troxes la esperanza,
díganlo el tiempo y mis granados trigos, 2380
pues eran todos de mi bien testigos
quando estavan mis cossas en bonanza.
    Como otro Job me veo perseguido,
y aun mucho más; porque si Job vivía
en aquel muladar tan abatido, 2385
    no vio la cárzel, que de sólo un día
que huviera sus desdichas conozido,
trocara su pazienzia por la mía.

[Escena 8]

Entre Galindo.

    Todo va de mal en mal,
por no deçir en peor. 2390
FELIÇIANO. ¡Galindo!
GALINDO.   Por Dios, señor,
que es la desbergüenza ygual;
    hablo a muchos a quien diste
caballos, joyas, vestidos,
y tápanse los oýdos [48v] 2395
al eco de tu voz triste;
    no ay hombre que dé un real,
ni aun una buena respuesta.
FELIÇIANO. Prueba de amigos es ésta,

        pero todos prueban mal; 2400
          quando en mi cassa tenía
dineros, bulliçio, juego,
¡qué humilde que andava el ruego
y la adulançión servía!
        ¡Qué de amigos me sobravan! 2405
¡Qué lisongero tropel!
¡Qué de moscas a la miel
del dinero se allegavan!
        Entonzes era yo bueno,
entonzes era yo onrrado. 2410
¡Qué truxe de gente al lado!
¿Que mesón se vio más lleno?
        Parezí mesón en feria;
ya la feria se acabó,
y solamente quedó 2415
la cassa con la miseria.
        ¿No responden essos ombres
a mis papeles siquiera?

GALINDO. Tres traygo; mas no quisiera
    que leyeras ni aun sus nombres, 2420
        que son mui grandes ...

FELIÇIANO.   No digas
    de nadie mal en ausenzia.

GALINDO. Hazte santo, ten paçiençia.

FELIÇIANO. ¿Qué quieres? Han sido ormigas;
        a la parba se llegaron 2425
lo que el agosto duró;
cargaron de lo que yo
les di, y en mi cassa hallaron.
        Murióse el fuego en la fragua, [49r]
y entrando el ynbierno fiero, 2430
cada qual en su agujero
se çerró, temiendo el agua.
        Yo soy madera de toros,

	que estoy en el suelo echada	
	porque es la fiesta passada.	2435
GALINDO.	Arrojavas fluges de oros	
	como si fueras fullero;	
	mas, como el ganar çesó	
	todo mirón se acojyó	
	con parte de tu dinero.	2440
	Esta lee que es de Ebanndro	
FELIÇIANO.	Esta leo que es de quien	
	reçibió de mi arto bien.	
GALINDO.	Tú fuiste, en neçio, Alexandro.	

Lea.

"A nadie de los amigos de vuesa merced a cabido tanta parte de su desgracia. Las que estos días he tenido, no me an dado lugar de enbiarle lo que pide, ni a bisitalle mis ocupaçiones; si me acudieren, lo aré como lo debo. Dios le dé libertad a vuesa merced.—
                        Ebandro."

FELIÇIANO.	¿Qué te pareçe?	
GALINDO.	Mui mal;	2445
	yo no tengo de mentir.	
FELIÇIANO.	¡Qué aquesto pueda escribir	
	un ombre tan prinçipal!	
	A éste di quanto tennía,	
	regalé, estimé y amé;	2450
	quien esto que pasa be,	
	neçio será si confía.	
GALINDO.	Lee aquesto de Tancredo,	
	que de la cárçel sacaste	
	quando la vida salvaste.	2455
FELIÇIANO.	Tal estoy que apenas puedo.	[49v]

Lea.

"Galindo me dio el de vuesa merced y representó su neçesidad; pero es tanta la mía,

y están mis cosas en disposiçión, que escribo
esto mismo a personas que me deben, de quien,
en cobrando, acudiré como es mi obligaçión.—
                            Tancredo."
        ¿Puédese aquestro sufrir?
        ¿Puédese en el mundo hazer?
GALINDO. Mui bien se puede leer,
        pues que se pudo escribir.   2460
FELIÇIANO. ¡Que vine en persona yo
        a la cárzel y saqué
        d'ella este ombre, y que me vee
        en ella, y esto escrivió!
GALINDO. ¡Pardiós!, si esse no es tacaño,   2465
        yo estoy agora echo un cuero.
FELIÇIANO. Ya te he avisado primero
        que hables bien.
GALINDO.   No seas estraño
        ni te hagas santurrón,
        que el perro muerde con rrabia.   2470
FELIÇIANO. Mal haze el que ausente agrabia
        a los que tan buenos son.
GALINDO. Por los pïojos yo sé
        que no lo dizes, que es gente
        que sienpre muerde al presente,   2475
        aunque a vezes no lo vee.
        ¡Pardiós, que estás echo un santo!
        Lee este papel.
FELIÇIANO.   ¿De quién?
GALINDO. De Oliberio.
FELIÇIANO.   ¡Qué de bien
        me debe!
GALINDO.   Haráte otro tanto.   2480
        Lea.
        "Bueno fuera haber guardado para las
        neçesidades como ésta. Dios quiere que   [50r]

vuesa merced page sus locuras, y que le
sirban de escarmiento la prisión y la
neçesidad, que son los dos verdugos de su
justiçia. El quiera que se enmiende y le
guarde para que ymite el buen padre que
tubo.—
                                    Oliberio."

FELIÇIANO.   Este, Galindo, confiesso
             que casi, casi me obliga
             a que atrevido le diga ...
GALINDO.   ¿Quién tendrá con esto seso?
               Habla, di, quéxate al çielo   2485
             d'estos amigos fingidos.
FELIÇIANO.   A sus divinos oýdos
             d'estas sentençias apelo;
               y si no considerara
             que toma por ynstrumento   2490
             de mi castigo y tormento
             su desbergüenza tan clara,
               dixérale lo que he hecho
             por éstos que me han dexado.
GALINDO.   ¿El haberlos obligado   2495
             te ha sido d'este probecho?
               ¡Ha, traydores!
FELIÇIANO.   Dios maldize
             de hombre que en ombre fía.
             ¡Qué un ombre no entre aquí un día,
             de muchos a quien bien hize!   2500
               ¿Ay tal crueldad en el mundo?
             ¿Ay tan fiera yngratitud?
GALINDO.   ¿Qué dirás de la virtud
             de otro Bellido segundo,
               de otro Aquila y más ynfame?   2505
FELIÇIANO.   ¿De quién dizes?
GALINDO.   De Fabriçio,

	que, tras tanto benefiçio,	
	no sé qué nombre le llame.	[50v]
FELIÇIANO.	Pues ¿está aquí?	
GALINDO.	De Sevilla	
	ha venido	
FELIÇIANO.	¿Çierto?	
GALINDO.	Çierto.	2510
	con un don Tello, u don Tuerto.	
	yndiano, aunque d'esta villa;	
	veníase a entretener	
	a cassa; contéle el cuento	
	de tu estraño perdimiento ...	2515
FELIÇIANO.	¿Y ofreçióse? ...	
GALINDO.	A no te ver.	
FELIÇIANO.	¡Bálame Dios!	
GALINDO.	¡Qué! ¿Te espantas?	
	que los dos mil reales niega?	
FELIÇIANO.	O el tienpo conmigo juega,	
	o testimonios lebantas.	2520
GALINDO.	Yo te he dicho la verdad.	
FELIÇIANO.	Hombres, quien tiene un amigo	
	bueno, mire lo que digo:	
	conserbe bien su amistad.	

[Escena 9]   157

Entre Alberto, procurador.

ALBERTO.	Albriçias puedes darme.	
FELIÇIANO.	Buenas sean,	2525
	que yo las mando tales.	
ALBERTO.	Ya la parte	
	se a conçertado y se ha baxado.	
FELIÇIANO.	El çielo	

	te page, Alberto, benefiçio tanto.		
GALINDO.	Si algún procurador, si algún causídico		
	mereze estatua en bronçe, en mármol paro,		2530
	soys vos, Alberto; y mientras tenga vida,		
	Galindo cantará vuestra alabanza.		
FELIÇIANO.	¿En quánto este conzierto habemos echo?		
ALBERTO.	En quinientos ducados.		
GALINDO.	¡Oste, puto!		
ALBERTO.	¿Eso te espanta? Yo lo juzgo poco.		2535
GALINDO.	Si fuera en aquel tiempo feliçísimo		
	que reynava el dinero y la banbarria		
	y se dava a rameras y alcagüetas		
	lo que agora lloramos en las cárzeles,		
	no dizes mal, Alberto; pero agora,	[51r]	2540
	¿adónde se hallarán quinientos nísperos?		
	¿Quién nos los ha de dar? ¿Qué son al justo		
	çinco mil y quinientos, niños todos		
	de a treynta y quatro años.		
ALBERTO.	¡Eso dizes!		
	¡Cómo! ¿No abrá de solos remanentes		2545
	de una açienda tan grande más dinero?		
GALINDO.	No le ha quedado çera en los oýdos,		
	están todas las cosas enpeñadas,		
	mil terçios reçividos sin cunplirse;		
	todo hurtado, perdido y de manera		2550
	que a las calzas pareze nuestra haçienda		
	del escudero de Alba, que al calçárselas,		
	el sólo y sólo Dios las entendían.		
ALBERTO.	Pues remedio ha de aber.		
FELIÇIANO.	Bamos, Alberto,		
	que quiero dar un tiento a Dorotea,		2555
	prometiéndole darle mil ducados,		
	porque me preste agora estos quinientos.		
ALBERTO.	Escríbele un papel.		
FELIÇIANO.	Tú tanbién habla		

de camino a Fabriçio

GALINDO. ¡Dios los mueba!
Mas crehe que ara el viento y sienbra en agua 2560
quien bien espera, aduierte lo que digo,
de muger baxa y de fingido amigo.

[Escena 10]

Váyanse, y entren con mantos Clara y Dorotea,
y Fabriçio y don Tello.

DOROTEA. Esta es la calle Mayor.
DON TELLO. ¿Es lexos la Platería?
DOROTEA. No, mi señor.
DON TELLO. Reyna mía, 2565
poco a poco el mi señor.
FABRIÇIO. Gatazo le quiere dar
al yndiano Dorothea.
CLARA. Pues antes que la possea 2570
dineros le ha de costar;
pensó que tras la comida
se le esperava esa fiesta. [51v]
FABRIÇIO. Calle de amargura es ésta;
tienbla aquí la cortesía.
Mirando ba los manteos: 2575
alguno le ha de pedir.
CLARA. ¡O, qué mal sabes medir
dos entendidos desseos!
Ella el suyo ha conoçido,
y él juega ya de picado; 2580
en más estará enpeñado,
passar tiene del vestido.
Yo te digo que le hable
en su lenguaje.

FABRIÇIO.	Eso ygnoro.	
CLARA.	Pedirá al que trata en oro,	2585
	oro.	
FABRIÇIO.	El yndiano es notable,	
	porque se preçia de agudo,	
	y le han de dar por el filo.	
CLARA.	¿Ya no sabes tú el estilo	
	d'este medusino escudo?	2590
	Transformaréle en su gusto.	
FABRIÇIO.	Será piedra si ella es piedra.	
CLARA.	Quien éstas sirbe no medra,	
	sino pobreza y disgusto.	
FABRIÇIO.	¿Pues tú lo dizes ansí?	2595
CLARA.	Sábeme bien murmurar.	
DON TELLA.	¿No acabamos de allegar?	
DOROTEA.	¿Es lexos?	
DON TELLO.	Señora, sí;	
	grande es Madrid.	
DOROTEA.	Y espaçioso.	
DON TELLO.	De espaçio estaré yo en él,	2600
	si vos no me soys crüel,	
	que soy tierno y soy çeloso.	
DOROTEA.	Ay en las Yndias amor	
	mucho más que por acá	[52r]
	que ay mucha verdad allá	2605
	y no haze poco calor;	
	que, como es niño y desnudo	
	y amigo de oro, he pensado	
	que a las Yndias se ha passado.	

[Escena 11]

Galindo entre.

GALINDO.	Aquestos son, ¿qué lo dudo?	2610
	Qué abrán, después de comer,	
	baxado a la platería.	
	Basta, que Fabriçio es guía.	
	¿Qué queda ya que temer?	
	¡O, traydor! ¿No te bastó	2615
	negar la deuda devida	
	a quien te diera la vida	
	quando la hazienda te dio,	
	sino que a la misma dama	
	de tu amigo trahes galán?	2620
FABRIÇIO.	Haçia los plateros van.	
CLARA.	Hallarán joyas de fama,	
	que aún esso tiene de corte.	
GALINDO.	Quiérolos llegar a hablar,	
	mientras da el tienpo lugar	2625
	que a este vil los passos corte.	
	¡O, señor Fabrizio!	
FABRIÇIO.	Clara,	
	Galindillo nos ha visto.	
CLARA.	¿Qué temes?	
FABRIÇIO.	Quedar malquisto,	
	si esto a su señor declara.	2630
CLARA.	Jamás estimes perder	
	hombre que esté tan perdido,	
	ni temas al offendido	
	quando no puede offender.	
	Pues, Galindo, ¿dónde bueno?	2635
GALINDO.	Vengo a pedir a Fabriçio	
	la paga de un benefiçio	
	de que él pienso que está ageno;	
	suplícale mi señor	[52v]

	le dé los dos mil reales	2640
	que, de ocasiones yguales,	
	le quedó una vez deudor:	
	que a su padre le llebaban	
	presso, y él por él los dio.	
FABRIÇIO.	No pensava entonçes yo	2645
	que dádivas se pagavan;	
	y si lo dado de graçia	
	se pide, págeme a mí	
	lo que le ayudé y serví	
	si ya estoy en su desgraçia	2650
	malas noches que passé	
	en ynbierno y en verano	
	tras su pensamiento vano.	
GALINDO.	Basta; yo se lo diré.	
FABRIÇIO.	Lo que da, mui caballero	2655
	para fama voladora	
	lo pide en secreto agora.	
	¡Gentil trete de escudero!	
GALINDO.	Passo, Fabrizio leal;	
	los presos, presos estén;	2660
	ya que no le hazes bien,	
	no es justo que digas mal.	
FABRIÇIO.	¿No le dava una cadena,	
	y por ser tan fanfarrón	
	no la tomó?	
CLARA.	Cosas son,	2665
	Galindo, que el tienpo ordena.	
	Si Feliçiano se olgó,	
	escote aquellos plazeres.	
GALINDO.	Demonios soys las mugeres.	
CLARA.	¡Demonios! Alguna no.	2670
GALINDO.	Que como él haze pecar	
	y luego culpa al que peca,	
	así la muger se trueca	

	desde el plazer al pessar.		
	Hablar quiero a Dorotea.	[53r]	2675
CLARA.	No vas a buena ocasión.		
GALINDO.	Si tiene luz de razón,		
	qualquiera as bien que lo sea.		
	A tu casa yba a buscarte,		
	Dorotea, este papel		2680
	de quien un tiempo con él		
	quisiera el alma enbiarte.		
	¡Así las cosas se mudan!		
DOROTEA.	¿Qué quiere aquí tu señor?		
GALINDO.	Dirálo el papel mexor,		2685
	ya que tus ojos lo dudan.		
	Lea.		

"La parte se a baxado de la querella por
quinientos escudos; yo estoy tan pobre que
oy no tengo qué comer; o ellos, o parte d'ellos,
te suplico me prestes para salir de la cárzel,
que dentro de dos messes te ofrezco mil por
ellos por ésta firmada de mi nonbre.—

       Feliçiano."

DOROTEA.	¡Graçia tiene el papelillo!	
DON TELLO.	¿Quién es éste?	
DOROTEA.	Un çierto preso.	
DON TELLO.	¡Quinientos!	
DOROTEA.	Está sin seso.	
	Dile que me maravillo	2690
	que tenga este atrevimiento;	
	pero que quando perdió	
	el seso, no le quedó	
	vergüenza mi sentimiento;	
	dile que no soy muger	2695
	que pecho a ningún galán,	
	que otras mil se los darán,	
	si es que lo saben hazer;	

       y no te burles, Galindo,
en venir con esto aquí,   2700
no piense nadie de mí
que a dar a nadie me rindo,   [53v]
    que haré que te cueste caro.

GALINDO. ¿Es dar a quien tanto dio,
género de afrenta?

DOROTEA.   No;   2705
mas lo que es no lo declaro.

GALINDO.   ¿A quien te dio tanta haçienda
tratas assí?

DOROTEA.   Dile, hermano,
que te venda Feliçiano,
si ya no tiene otra prenda,   2710
    pues te preçias de leal.

GALINDO. ¡Pluguiera a Dios que pudiera,
y que en tanto me vendiera
que remediara su mal!

DOROTEA.   Lo que se da a las mugeres   2715
nadie lo piense cobrar.
¡Basta! ¡Qué! ¿Queréys conprar
de balde nuestros plazeres?
    ¡Basta! ¡Qué! ¿Os pareze poco
lo que nos cuesta agradaros?   2720
Pues, ¿habemos de tornaros
lo que nos dais?

GALINDO.   ¡Estoy loco!

DOROTEA.   Dinero dado a muger
es echar haçienda al mar,
que el bien se puede aplacar,   2725
mas no la puede bolver;
    tenéys buen tiempo y coméys
la mitad de lo que dais,
y luego entero cobráys
lo mismo que dado habéys.   2730

	Ven, don Tello, por aquí;	
	sígeme, Clara, tanbién.	
DON TELLO	Tú respondiste mui bien,	
(*Aparte*).	y no mui bien para mí.	
	¡Yo os conozeré, por Dios!	2735
DOROTEA.	¿Qué dizes?	
DON TELLO.	Que voy contigo.	

[Escena 12]

Todos se ban, Galindo queda. [54r]

GALINDO.	¡Qué buena dama y amigo!	
	Para en uno son los dos.	
	¡A, falsa! ¡Plega a los çielos	
	que lleges a tal edad	2740
	con la misma libiandad,	
	que mueras de rabia y çelos;	
	seas vieja enamorada.	
	de un mozo tan socarrón	
	que le pages a doblón	2745
	la coz y la bofetada!	
	¡Plega al çielo que al espejo	
	te mires un diente solo,	
	y más que luçes el polo	
	arrugas en el pellejo!	2750
	¡Plega a Dios que estés tan calba	
	que nadie te pueda asir,	
	y que no puedas dezir	
	a nadie: "la edad me salba!"	
	¡Plega a Dios que aquel yndiano	2755
	sea algún fino ladrón	
	que robe en esta ocasión	
	quanto te dio Feliçiano!	
	(*Vase.*)	

[Escena 13]

Faustino viejo, Leonarda.

FAUSTINO.	¿No me dirás a qué effeto	
	tantas joyas has vendido?	2760
LEONARDA.	Para algún effeto ha sido;	
	pero es agora secreto.	
	Yd con Dios, tío, y callad,	
	que a la noche lo sabréys.	
FAUSTINO.	Mucho erráis quantos ponéis	2765
	el gusto en la voluntad;	
	si supiera que querías	
	traherme por tu fiador,	
	y que joyas de balor	
	tan a despreçio vendías,	2770
	no dudes que no viniera	
	contigo de ningún modo.	
LEONARDA.	Juzgaras que es poco todo	[54v]
	quando mi ynten çión supieras.	
	Vete con Dios.	
FAUSTINO.	Plega a Dios	2775
	que no resulte en tu daño.	
LEONARDA.	Vos veréys que no os engaño.	
FAUSTINO.	Adiós.	
LEONARDA.	El baya con vos.	

Faustino se baya.

[Escena 14]

He visto a Galindo allí,	
y estávame desaziendo:	2780
darle la caja pretendo	
con el papel que escriví.	

Quiero taparme.
Tápese con el manto.
                    ¡Ha, galán!
GALINDO.   ¿Llamáisme?
LEONARDA.   Sí.
GALINDO.   ¿Qué queréys?
LEONARDA.   Que a Feliçiano le deys   2785
             çiertas cossas que aquí van.
                 ¿No soys su criado vos?
GALINDO.   El mismo.
LEONARDA.   Dalde esa caja.
GALINDO.   Mucho pessa.
LEONARDA.   No es de paja.
             Galindo, adiós.
             Leonarda se baya.
GALINDO.   Dama, adiós.   2790
                 ¿Es aquesto encantamento?
             Mucho el rostro me escondió.
             ¿Si veré lo que me dio?
             pero será atrevimiento.
                 Y viene la caja atada;   2795
             mejor es llebarla presto.
             ¡Divinos çielos! ¡Qué es esto?
             Mas era muger, no es nada.

[Escena 15]

Feliçiano, preso, y Liseno, caballero.

FELIÇIANO.   Hízeos llamar con este pensamiento,
             y que sobre ese juro me prestásedes   2800
             los quinientos ducados que suplico;
             que si de la prissión por vos saliesse,
             no lo dudéys de que en mayor os quedo.

LISENO.	Feliçiano, si fuera en Madrid nuebo	
	lo que yo suelo hazer por mis amigos,	2805
	yo os diera aquí satisfaçiones largas;	[55r]
	pero, como es notorio, las escusso.	
	A Tancredo sacastes de la cárzel,	
	a Rodulfo y Albano; ¿cómo os niegan	
	lo que es tan justo al benefiçio mismo?	2810
FELIÇIANO.	Por la misma razón pensé obligaros;	
	que, si no de la cárzel, de otras cosas,	
	si la neçesidad es harta cárzel,	
	os he sacado yo quando lo tube.	
LISENO.	Y yo, si lo tuviera, os acudiera.	2815
FELIÇIANO.	Dadme duçientos reales solamente	
	para el procurador que anda en mis pleytos,	
	que he pagado estos días tres fianzas.	
LISENO.	No los tengo, por Dios, que estoy tan pobre	
	que me presta un amigo, y aun pariente,	2820
	para lo que es el gasto de mi cassa.	
FELIÇIANO.	Dadme un doblón siquiera, que yo os juro	
	que desde ayer no a entrado ni un bocado	
	de pan en esta boca que en su vida	
	negó cosa que nadie le pidiesse.	2825
LISENO.	Aquí trahía cosa de ocho reales;	
	éstos tomad, y el çielo, hermano, os libre,	
	que sabe Dios lo que me pesa.	
	Báyase Liseno.	

[Escena 16]

FELIÇIANO.	¡Ha, çielos!	
	¡A un onbre como yo dan ocho reales!	
	¡Ocho reales le faltan a quien tubo	2830
	no a siete messes treynta mil ducados!	

Ved qué se cuenta más del mismo pródigo,
de Cómodo, Nerón y de Eliogávalo.
¡Ay, si sirbiese mi lloroso exenplo
de espejo a los mançebos que me miran, 2835
y se guardassen de mugeres tales
y de tales amigos!...

[Escena 17]
Galindo entre.

GALINDO. No lo digas
de burlas.
FELIÇIANO. ¡O, Galindo! ¿Aquí escuchabas?
GALINDO. Oyendo estava tus lamentaçiones, [55v]
de que colijo que ninguna cosa 2840
hizo por ti Liseno.
FELIÇIANO. Sobre el juro
le pedí los quinientos; pero mira
en qué se resolbió.
(Enseñádole los ocho reales.)
GALINDO. ¡Qué! ¿Esto te ha dado?
Guárdale, y clabarémosle a la puerta
con una letra alrededor que diga: 2845
"Barato que me ha dado la fortuna
de treynta mil ducados que he jugado
con los amigos falsos que se usan."
FELIÇIANO. Bien dizes; pero dime, ¿qué responden
Fabrizio y Dorotea?
GALINDO. Entranbos dizen 2850
casi una cosa misma.
FELIÇIANO. ¿Estavan juntos?
GALINDO. Sí; que, para pagarte el benefiçio
de librar a su padre de la cárzel,

sirbe ya de llebar a Dorotea
galanes que la sirban y han comido 2855
todos, que, según supe, era un yndiano;
Fabriçio dize que le diste dados
los dos mil reales, y que agora pides
lo que le distes entonzes por fanfarria.
Dorotea responde que los ombres 2860
quieren cobrar de las mugeres luego
aquello con que conpran sus plazeres:
que no da nada, y que me guarde.

FELIÇIANO.   Dize
mui bien, guárdate d'ella. ¡A Dios pluguiera
que me guardara yo!

GALINDO.   Luego, tras esto, 2865
me dio çierta muger aquesta caja,
que pesa como plomo aunque es pequeña;
quísela abrir y, por llegar más presto,
ni sé lo que el enbía ni yo traygo.

FELIÇIANO. ¡Caxa! ¿Qué dizes?
GALINDO.   Abrela y veráslo. 2870
FELIÇIANO. Corto el cordel que la cubierta enlaza. [56r]
¡Quedo, por Dios, que todos son escudos!
GALINDO. Salto, baylo, ¡Jesús!
FELIÇIANO.   ¡Suçeso estraño!
GALINDO. Déxamelos bessar.
FELIÇIANO.   ¡Quedo, Galindo!
No se te quede alguno entre los labios, 2875
porque son pegajosos como obleas.
GALINDO. Estos sí que podrán llamarse amigos.
FELIÇIANO. Aquestos son amigos verdaderos.
¿Quién será esta muger?
GALINDO.   Yo sospechara
que era Leonarda, a estar mexor contigo; 2880
mas dizen que tratava de matarte.
FELIÇIANO. ¿Leonarda? ¡Neçio! ¿En eso piensa agora,

	que está amolando espadas, prebiniendo	
	escopetas con pólbora secreta,	
	confaçionando echizos y venenos	2885
	para darme la muerte? Ven, contemos,	
	donde nadie nos vea, estos escudos.	
GALINDO.	¡O, amigos verdaderos, aunque mudos!	

[Escena 18]

Entrense y, salgan Julio y tres ladrones:
Friso, Cornelio, Lerino.

JULIO.	Las armas prebenid todos.	
	Pues ya la noche se çierra.	2890
FRISO.	Yo no sé bien d'esta tierra,	
	Julio, las trazas y modos.	
	¿Ay ronda?	
JULIO.	Agora es tenprano.	
LERINO.	¿Y es ésta la casa?	
JULIO.	Sí.	
LERINO.	¿Está el capitán aquí?	2895
JULIO.	Fingióse Marbuto yndiano	
	desde Sevilla a Madrid,	
	y hizo amistad con un ombre	
	que apenas le açierte el nombre,	
	y passa a Valladolid.	2900
	Llebóle en cas d'esta dama,	
	que tiene seys mil en oro;	
	ha hechado el ojo de tesoro,	[56v]
	que está a los pies de la cama,	
	y quiérele dar gatazo	2905
	mientras la çena aperçibe.	
CORNELIO.	Si esse lanza d'él se escribe,	
	quedarále dulçe el abrazo.	

	¿Cómo se ha llamado aquí?	
JULIO.	Don Tello.	
LERINO.	Graçioso nonbre.	2910
CORNELIO.	¿Y está acá tanbién el ombre que ha venido con él?	
JULIO.	Sí.	
CORNELIO.	Eso es peligroso.	
JULIO.	No es, que piensa que es caballero. y oy gasta lindo dinero.	2915

[Escena 19]

Don Tello sale quedo.

DON TELLO.	Julio.	
JULIO.	¿Qué ay?	
DON TELLO.	¿Quién son?	
JULIO.	Los tres.	
DON TELLO.	¿Cornelio, Friso y Lerino?	
JULIO.	Los mismos.	
DON TELLO.	Entro a sacar el escritorio. Aguardar podéys.	
JULIO.	¿Dónde?	
DON TELLO.	En el camino.	2920
	(Vase.)	
JULIO.	El ha entrado. Ya es mui tarde; todo hombre advierta a la gura.	

[Escena 20]

Feliciano, libre, y Galindo.

FELIÇIANO. Como haze la noche escura,
voy, Galindo, algo cobarde,
   que ha días que no he pissado 2925
las calles.

GALINDO.   Gracias a Dios
que ya nos vemos los dos
en esta esquina del Prado.
   Presto truxo el mandamiento
Alberto.

FELIÇIANO.   No ay tales pies 2930
como el dinero; al fin, es
el primero movimiento.

GALINDO.   ¿Quánto la caxa trahía?
FELIÇIANO. Seysçientos escudos justos.
CORNELIO. Estos me han dado mil sustos. [57r] 2935
JULIO. Este ombre pareze espía.
CORNELIO.   ¡Vive Dios, que son criados
de la justiçia!
     Yo buelo.

FRISO. Yo, con el mismo reçelo.
Huyan.

GALINDO. Çiertos ombres enbozados 2940
   al unbral de Dorotea
ban huyendo de los dos.

FELIÇIANO. ¿Ya espantamos? ¡Bien, por Dios!
¡Qué abrá que un pobre no sea!
   ¿Parezco pantasma yo? 2945

[Escena 21]

Don Tello salga.

DON TELLO.	Çe, que digo...
GALINDO.	Allí nos llama un ombre, en cas de tu dama.
FELIÇIANO.	Lleguemos, si nos llamó.
DON TELLO.	Tomad este escritorillo mientras por el otro voy. 2950
FELIÇIANO *(Aparte)*.	¡Bien, por vida de quien soy!
DON TELLO.	Y nadie se atreba a abrillo.
FELIÇIANO.	¿Conózenos el ladrón?
DON TELLO.	Por otros os he tenido. Que me dexéis yr os pido. 2955

Húyase don Tello.

[Escena 22]

GALINDO.	Baya con la maldiçión. Señor, éste es el yndiano que Fabriçio truxo acá.
FELIÇIANO.	Creo que el çielo me da este castigo en la mano; 2960 bien conozco el escritorio: más tiene de siete mil.
GALINDO.	¡Qué gentil ladrón!
FELIÇIANO.	Sutil. Mi bien es claro y notorio; éste es todo mi dinero, 2965 quanto a Dorotea he dado. Ved por dónde lo he cobrado.
GALINDO.	¿Qué has de hazer? [57v]

FELIÇIANO.	Guardallo quiero.	
GALINDO.	¿Y si nos enquentra alguno?	
FELIÇIANO.	¿Allí no vive Leonarda?	2970
GALINDO.	Sí, señor.	
FELIÇIANO.	Pues llama.	
GALINDO.	Aguarda.	
FELIÇIANO.	Mira no te oyga ninguno.	
GALINDO.	¿Si querrá abrir?	
FELIÇIANO.	¡Plega a Dios!	
GALINDO.	¿Quién está acá?	

[Escena 23]

Dentro, Leonarda.

LEONARDA.	¿Quién es?	
FELICIANO *(Aparte)*.	(Creo que oye el çielo mi desseo) Un preso y dos onbres.	2975
LEONARDA.	¿Dos? A los dos no puedo abrir; al presso, sí. ¡Gloria mía! *Salga.*	
FELIÇIANO.	Abrebia del alegría, que tengo que te deçir.	2980
LEONARDA.	Pues que tú bienes acá, alguien te abrá referido que mis joyas he vendido, o lo adivinaste allá. Perdona que yo quisiera, como seysçientos le dí a Galindo . . .	2985
FELIÇIANO.	¿Tú?	

LEONARDA.	Yo fui.	
FELIÇIANO.	¡Pero quién sino tú fuera!	
	Débote mi libertad,	
	el alma misma te debo.	2990
	Oy me obligaste de nuebo;	
	mas oye una nobedad.	
	Ruydo.	
GALINDO.	Gritos dan, éntrate dentro.	

[Escena 24]

Dentro, Dorotea.

DOROTEA.	¡Traydor Fabriçio, tú fuiste	
	quien a cassa le truxiste!	2995
LEONARDA.	¿Qué es esto?	
FELIÇIANO.	Un graçioso encuentro:	
	de la puerta de esa dama,	
	que mi hazienda me robó,	
	salió un ladrón que le hurtó [58r]	
	el dinero y no la fama.	3000
	Topó con nosotros dos,	
	por conpañeros nos tubo,	
	y éste nos dio, que no estubo	
	en un instante, por Dios,	
	de dar con los verdaderos.	3005
	¡Mira por dónde he cobrado	
	quanto con ella e gastado!	
LEONARDA.	Sin duda son tus dineros.	
	Acá viene gran ruïdo.	
	Allá le voy a esconder.	3010
GALINDO.	El dinero has de verter	
	en otro, sin ser sentido,	
	y échale luego en el pozo.	

LEONARDA.	Voy; aquí a la puerta aguarda. (*Vase.*) *Entrese Leonarda.*	
FELIÇIANO.	¡Qué contenta va Leonarda! Yo estoi saltando de gozo.	3015

[Escena 25]

Entre un alguaçil, y gente que trayga asido a Fabriçio.
Venga tanbién Dorotea y Clara.

FABRIÇIO.	¿Pues a mi preso? ¿Por qué?	
ALGUAÇIL.	Porque es mui bastante indiçio para prenderos Fabriçio.	
FABRIÇIO.	Vive Dios, que no lo sé.	3020
DOROTEA.	Trúxole él propio a mi casa, y con él se conçertó, ¿y no le conoze?	
FABRIÇIO.	¿Yo?	
GALINDO.	Ved lo que en el mundo passa.	
CLARA.	Yo juraré que es ladrón, y que a don Tello encubría, que desde el Andaluzía truxo para esta ocasión. El sabía del dinero; él le dixo dónde estava.	3025 3030
FABRIÇIO.	¿Yo le truxe?	[58v]
CLARA.	Y le abonava de yndiano y de caballero.	
DOROTEA.	Gente ay en aquesta puerta. ¿Quién va?	
FELIÇIANO.	Un onbre que ha salido de la cárzel.	
ALGUSÇIL.	¿No abrá sido	3035

	el ladrón?	
FELIÇIANO.	Cosa es bien çierta.	
ALGUAÇIL.	¿Es el señor Feliçiano?	
FELIÇIANO.	Yo soy.	
ALGUAÇIL.	Por mil años sea.	
FELIÇIANO.	¿Qué es esto de Dorotea?	
DOROTEA.	¿Agora estáis cortesano?	3040
	Vaya a la cárzel Fabriçio.	
ALGUAÇIL.	Que Fabriçio le ha robado	
	un escritorio, o ha dado	
	de que fue cónplize yndiçio,	
	porque le truxo un yndiano	3045
	que ha sido el çierto ladrón;	
	siete mil escudos son.	
FELIÇIANO.	Esos son de Feliçiano.	
ALGUAÇIL.	¿Abéys visto estos ladrones?	
FELIÇIANO.	Sólo a Galindo y a mí.	3050
ALGUAÇIL.	Juraldo aquí.	
FELIÇIANO.	Juro aquí	
	que he sentido esos doblones,	
	y aun que los he visto puedo	
	jurar.	
DOROTEA.	¡Que éste se ha vengado!	
CLARA.	¡Quál están amo y criado!	3055
FABRIÇIO.	¿Yo soy ladrón? . . . ¡Bueno quedo!	
	Diga Feliçiano aquí	
	si sabe que soy ladrón.	
FELIÇIANO.	Quien paga amor con trayçión,	
	ladrón es; digo que sí.	3060
	Quien niega deudas tan claras	
	y no paga el benefiçio,	
	¿de ser ladrón no da indiçio?	[59r]
	Pues, ladrón, ¿en qué reparas?	
	Vete, que lo juro y digo	3065
	que en esta y toda ocasión	

  sustentaré que es ladrón
quien es traydor al amigo.
 Y que del dinero hurtado
a Dorotea, quisiera   3070
que dos vezes tanto fuera,
por la yngratitud que ha usado;
 y que a estar en mi poder,
no me diera más contento,
y que de mi casamiento   3075
testigos os quiero hazer.
 ¡Leonarda!

[Escena 26]

Entre Leonarda.

LEONARDA.   ¿Señor?
FELIÇIANO.   Yo soy
tu esposo; sea testigo
un ladrón y unfame amigo,
a quien este exenplo doy;   3080
 una dama cortesana
y una criada fingida
que roban toda la vida
con yndustria loca y vana,
 para que tras años mil   3085
buelban las aguas a donde
solían yr, pues ya lo esconde
çierta mano más sutil;
 y un alguaçil tanbién sea
testigo de que me casso,   3090
y sepa que no hago casso
del amor de Dorotea,
 porque si algún ayre ynfame   [59v]

	me quisiere hazer prender,	
	sepa que tengo muger	3095
	y que así a Leonarda llame.	
	Doyle en dote siete mil	
	ducados que ha reçivido;	
	testigos, pues que lo han sido,	
	el dueño y el alguaçil;	3100
	y a Galindo, por leal,	
	toda mi haçienda le doy.	
GALINDO.	Yo señor tu esclavo soy	
FABRIÇIO.	¡Paga de quien anda en mal!	
DOROTEA.	Llébalde a la cárzel luego.	3105
ALGUAÇIL.	Digo que gozéys mil años,	
	pues ya de tantos engaños	
	venís a tanto sosiego.	
	Tómela de la mano.	
FELIÇIANO.	¡Adiós, señores testigos!;	
	y aquí Belardo dio fin	3110
	a una historia, que es, en fin,	
	La prueba de los amigos.	

En Toledo, a 12 de setiembre de 1604.

Examiné esta comedia, cantares y entremeses d'ella.— [60r] El secretario Thomás Graçián Deantisco y de su censura. [Firma ilegible.] En Madrid a 13 de henero de 1608 años.

Esta comedia initulada *Prueba de los amigos* se podrá representar, reservando a la vista lo que fuera de la lectura se offreçiere, y lo mismo en los cantares y entremés.

En Madrid, a 14 de henero 1608.—Thomás Graçián Dantisco. [Rúbrica.]

[Este] exemplar es para Palaçio.

Pódrase representar esta comedia, guardando la zensura de ariba. De Madrid, a 14 de enero 1608.

[60v]

Por mandamiento del Arçobispo, mi señor, he visto esta comedia cuio título es *Prueva de los amigos*, y digo que se puede representar, reservando para la vista lo que es fuera de la lectura. Así lo firmo en Çaragoça, a 15 de nobiembre año 1608.—El doctor Domingo Villalva.

De orden del Obispo, mi señor, bean también esta comedia, y la corrijan de la *Prueva de los amigos* los padres prior y predicador de Santo Domingo d'esta ciudad de Trugillo, y mando al autor y recitantes so pena de excomunión maior *latae sententiae trina canonica monite. prem.*, fecha en Trugillo, en 17 de julio de 1609.—El doctor de la Parra.

[61r]

Vi esta comedia e no conté cousa que seja contra nossa santa fee ni contra os bons costumes. L. Dos., a 15 de Outubro de 1609.—Fray Paulo Martyr.

Por mandado del señor Lld⁰. Gónzalo Guerrero, canónigo de la doctoral y provisor general d'este obispado, vide esta comedia llamada *Prueba de los amigos*, y no ai en ella cosa contra nuestra Santa Fe, y assí a mi parecer puede representarse, dada en Jaém, a 15 de julio de 1610.—Doctor Antonio de Godoi Chicas.

En la ciudad de Jaén, a quinçe dˢ. del mes de jullio de mill y seisçientos y diez años, su merced el señor licenciado Guillermo Guerrero, canónigo dotoral de la sagrada yglesia de Jaén, provisor sᵒ. en 'lla y su obispado. Aviendo visto el testimonio de visita d'esta comedia yntitulada *Prueba de los amigos*, hecho por el doctor Antonio de Godoy, prior de la yglesia de Santo

Pablo d'esta dha çiudad, dijo que dava, y dio liçençia y facultad a Antonio de Granados, autor de comedias, para que la pueda representar en esta çiudad y obispado, y lo firmó.—Ante mí, Joan de Matán. [Rúbrica.]

[61v]

Por mandamiento de Arçobisbo, mi señor don Pedro Manrique, he visto esta comedia de *La prueba de los amigos*, y digo que se puede representar, reservando para la vista lo que es fuera de la lectura, en Caragoça, a 2 de henero, año 1612.— El doctor Villalva.

[62r]

Por mandado de su sª., el obispo de Cartagena, vi esta comedia intitulada *La prueba de los amigos*, y no tiene cossa ninguna contra la fee catholica ni buenas costumbres porque no se deva representar, dada, en Murzia, a diez de junio de mil y seis çientos nuebe.—Dr. Joan Andrés de la Calle. [Rúbrica.]

Notes to the Text

1-96: Rapidity in the conversation is evident in the two opening scenes.

20: Lope de Vega unnecessarily repeats Fulgençio's name.

23: Between *que* and *os*, *nuebo padre* is crossed out.

27: The character's name, Fabriçio, is struck out and to the left *Luis* is written, which may probably be the name of an actor assigned to play the part of Fabriçio.

58: Galindo's hunger typically characterizes the *gracioso's* character.

66: *Feliçiano* is crossed out before *Adios*.

76: *chias*. Short mourning cloaks.

78: *de la vayna* is crossed out before *espada*.

80-81: *chacona*. A popular dance in the sixteenth and seventeenth centuries, originally believed to have been a wild, sensual Mexican dance which was imported to Spain during the sixteenth century. The dance is accompanied by castanets during which couplets are sung.

99: *con quatro sietes se va*. One discards four sevens. Seven is a playing card.

100, 128: *primera*. A card game in which each player receives four cards: the seven is worth twenty-one points; the six, eighteen points; the ace, sixteen points; the five, fifteen points; the four, fourteen points; the three, thirteen points; the two, twelve points; the figure, ten points. A player wins when he wins all the cards.

115-116: A paronomastic play on the word, *puntos*, which is used as a sarcastic metaphor against doctors. Translated, the sentence reads, "Was not it better, Feliciano, to be precisely a surgeon of your stockings?"

128-129: Between these verses the following verses are crossed out: *un el juego d'esta vida / a un padre rico bien basta.*

140: Most of the stage directions are indicated by a cross of Malta.
153-156: A theatrical manager has cut these four lines and also the following lines: 229-244, 269-320, 361-376, 529-532, 998-1005, 1075-1106, 1475-1482, 1487-1494, 1498-1505, 1599-1606, 1687-1690, 1707-1718, 1819-1874, 2047-2054, 2095-2106, 2115-2118, 2128-2129, 2143-2146, 2263-2270, 2715-2722.
174-256: The dispute between Feliciano and Leonarda is reminiscent of the allegorical battle between Don Carnal and Doña Cuaresma in *Libro de buen amor* by Juan Ruiz.
185: *quiries*. The responsive prayers in a religious service.
187: *glorias*. Glories or pleasures.
190: Through the scratched-out words in the line, it can be seen that the poet originally wrote, *la misa de requien çesa; la misa de requien* is the celebration of a Mass for the repose of the soul of the dead.
191: Originally *priesa* was written; however, the *e* in the word is blotted out to make *prisa*.
192-193: *Veme cubierto de luto* is crossed out between these lines.
196: *paramal*. Unpleasantness, disgust, grief.
203: On the left side, *en ella* is crossed out.
242: *por ella* is crossed out after *buelbe*.
242-243: An unintelligible verse is crossed out between these lines.
259-296: In the speech of Feliçiano, his ire is expressed by the repeated use, first, of the ponderous interjection, *que,* and then by the colloquial use of the illative conjunction, *que,* thus giving his irritation a movement of continuity through which his offended masculine feelings are more musically and plastically expressed.
269: *un* is struck out before *algún*.
288: *enganalla*.
295: The first word is illegible; it could be *si* as well as *al*.
304: *justo* is crossed out before *gusto*.

301-316: Galindo's reprimanding of his master reveals another trait of the *gracioso*.
307: After *fuerza* an illegible word is crossed out.
353-392: *Costumbrista* elements are in evidence in Clara's account to her mistress Dorotea about Everardo's funeral. The not-so-solemn narrative scene is somewhat similar to the one in which Lazarillo, the servant, tells his *escudero* about the horrible experience he had with a funeral procession.
355: *los monges de San Martín*. The beautiful monastery of San Martín was situated in Madrid near the small city gate having the same name.
357: *San Ginés*. A cemetery named after the Roman martyr.
362: On the left an illegible word is blotted out.
364-365: *Veo clérigos y cruzes* is struck out.
365: On the left *frayles* is crossed out.
373: Three illegible letters are deleted by black ink.
377: On the left *veo en un* and an illegible word are crossed out.
389: *no* is crossed out before *fuera*.
399: Under the stage direction, *sin mençión de trage* is written by another hand.
426: *lición* > *lección*.
433: Under the stage direction *Luis Truxillo* has been written, who was perhaps the actor assigned to the role of Justino.
434-436: Notice the syllogism based on a proverb.
447: The character's name, *Oliberio*, is replaced by that of *Liselo*.
459: *Fernando* is crossed out and *Justino* is written by another hand to the left.
467: *colaçión*. A light meal.
468-470: *Justino* is replaced twice by *Oliberio*.
471: *Clara* is crossed out and substituted with *Dorotea*.
474: *está* is struck out before *Feliçiano*.

488: On the left an illegible word is crossed out.

491: *Drusila.* From the Latin word, *drusilla*, meaning strong, which is usually associated with a familiar feminine name.

493, 494: *Justino* is blotted out twice and substituted with *Oliberio*.

498: *dar una matraca.* To jeer at or to taunt.

500: *Fabia.* This should probably be *Fabio*.

509: *Quién* for *quiénes*.

514: *Ricardo, riqueza.* The line is a play on the two words.

537: *Feliçiano* is struck out and substituted with *Galindo*.

542: *agua de azar* > *agua de azahar*. A liquor obtained by the emulsion of orange, lemon, and citron flowers. It was used as perfume as well as medicine.

550: After *aquí, entrar* is scratched out.
azar. Chance, accident.

551: *sotas.* Disreputable women.

562: *ratón.* Excessive misbehavior.

578: This line is a pun against doctors. The reproachment of doctors, which appears frequently in Lope de Vega's plays, constitutes comical recourse but never reached the harshness found in Quevedo's works.

613: *capón.* A castrated rooster, especially one fattened for eating.

615: *redoma.* Flask.

616: *ramo de cantón.* Business on the corner.

617: *Guzmán.* Possibly a friend of Feliciano, or an inn where drinks and food can be bought.

649: After *sabréys* an illegible word is crossed out.

649-650: Between these lines a verse, *Feliçiano. ¿Pues agora por qué no?*, is deleted.

650, 655: To the left of *Dorotea* an illegible word is scratched out,

653: *mohina.* The offspring of a male horse and a female donkey.

656-657: Between these lines a verse, *y dizeme que os pidiesse* is crossed out.

658: *arras.* Dowry.
664: After *vuestro* an illegible word is crossed out.
677: After *por, tú* is struck out.
681: After *que, ésta* is crossed out.
693: *Milán.* A city in northern Italy known for its textile products.
702: Above the stage direction *Ricardo dentro* is crossed out.
718: Before *loco, lobo* is crossed out.
721: On the left *qué* is crossed out.
Çelestina. A tragicomedy by Fernando de Rojas (1499).
739: On the left *pues* is blotted out.
744: *Orlando furioso.* The hero in Ariosto's mock epic poem under the same title; also see line 1378.
745: After *Galindo* an illegible word is crossed out.
762: Over *tenéis* an illegible and crossed-out word is written.
780: This verse is underlined. Perhaps Lope de Vega had in mind to entitle his play, *En el gusto no ay ley, ni en la muger elección.*
786: *platera.* A rich girl.
787: *cañerlas.* Derived either from *cañas*, canes, or from *canelas*, cinnamon tree.
788: *enebro.* Juniper.
794: The words *del sol* are written again in the left margin.
795: *cuya blanca* is crossed out and below is written *cuya lustrosa.*
827-830: Gluttony is another characteristic of the *gracioso.*
875: *Galindo* is written by a different handwriting.
911: ¡*A de cassa*! Is there anyone home!
915: *moscatel, et passim.* A boring young man.
922: Before and after *más* two illegible words are crossed out.
923: *brabos.* Brave men, but braggarts.
952: *Prado.* A fashionable garden for promenades along Antocha, San Jerónimo, and Alcalá Streets, where today the Museum of Prado is situated.

965: *Fabio* is crossed out and *Fulgençio* is written in by another script.
969: An illegible crossed out word is written after *Feliçiano*.
975: Before *abrá* an illegible word is crossed out.
978: After *de* an illegible word is deleted.
982-983: Between these lines a verse, *que a ningún onbre se guarda*, is crossed out.
1004: After *sólo, en* is struck out, and after *género* there is one illegible word.
1033: *Çirçe*. In Homer's *Odyssey*, an enchantress who turned men into swine.
Medea. In Greek legend a sorceress who helped Jason get the Golden Fleece and later, when deserted by him, killed her rival and her own children and fled to Athens. The subject of several classical tragedies.
1037: After *echáronle* an illegible word is crossed out.
1065: *Midas*. In Greek legend, the king of Phrygia to whom Dionysus granted the power to turn everything that he touched into gold; when even his food and his daughter turned to gold, Midas begged to have the power taken back.
1069: An unnecessary *y* is repeated.
1087-1088: Notice the play on the word, *almohada*, which has different meanings in various applications.
1094: *faldellín*. A short skirt.
1098: *vinorre > vino agrio*. Sour wine.
1100: Another pun on the medical profession.
1104: After *alba, al* is deleted by ink.
1124: The word *gasto* was retouched into *gusto*.
1126: After *pintura* an illegible word is crossed out.
1127: *Lucreçia*. The name of a painting.
1129: *Urbina*. The name of a painter.
1130: *Adonis*. A handsome young man.

1140:	On the left of the verse an illegible, crossed-out word appears.
1147-1170:	In this autobiographical scene, Lope de Vega appears under his poetic name, Belardo, which he used during his career.
1151:	In the margin *diga* is written.
1159-1162:	An irregular *redondilla*.
1192-1193:	Between these lines a line, *Feliciano. Porque tan vuestro lo fui*, was crossed out.
1197:	After *vestís* an illegible word is crossed out.
1198:	On the left *sean* is struck out.
1212:	After *por, el* is deleted by ink.
1228:	After *que* an illegible word is crossed out.
1292-1300:	A paronomastic play on *Alexandro*.
1293:	At the end of *obliga* a syllable is crossed out.
1298:	On the left an illegible word is struck out.
1334-1335:	A verse, *soliçitud y dinero*, is deleted and to its right *soliçitud i dinero* is written by another hand.
1360:	*seó > señor*.
1369:	*platera*. See note for line 786.
1381-1382:	*Albaro de Luna*. The Castilian commander of armed forces in 1388, who was beheaded in 1453.
1383:	On the left two illegible words are deleted.
1383-1384:	Between these lines an illegible line is crossed out.
1388:	After *liras* an illegible word is struck out.
1389-1391:	The fruits brought from Tampico, a seaport in east central Mexico.
1391:	After *y, tan* is crossed out.
1397-1398:	Between these lines *dando y . . . hasta aquellos* is crossed out.
1400:	*brabos. Mancebos brabos* as in line 1314.
1403:	The *que* before and *por aquí* after *vengan* are struck out.
1405-1406:	Lope de Vega alludes through Galindo to his banishment in Valencia, caused by his abduction of Isabel de Alderete.

1406: This verse is underlined. Lope de Vega may have had this line also in mind for the title of his play.

1413: *bio* is struck out before *Yré*.

1437: *rameras*. Harlots.

1439: *tú* is crossed out before *Allá*.

1464: This verse is written on the margin by another hand; the binder cut part of it, making part of the original illegible.

1474: The word, *base*, is written by another hand.

1489: After *de* the word, *mi*, is deleted in ink.

1491: After *porque* an illegible word follows.

1494: After *en* another illegible word follows.

1503: *Tratemos* was written first and then corrected to *tratéis*; after *desto*, *más* is crossed out.

1523: After *vos* an illegible word is deleted.

1534: After *siéndolo*, *muger* is crossed out.

1537: On the left *para* is struck out.

1545: *Desbelos* was changed to *çelos*.
After *cuentos*, *desbelos* is crossed out.

1554: After *en*, *ninguna* is struck out.

1557: After *ves*, *espero* is deleted.

1572: After *que*, *d'él* is struck out.

1606: *quartanas*. Fever.

1634: *guadamezí*. Embossed leather.

1643: *marquesa de San Sueña*. A humorous title.

1648: *galán de alcorza*. A finicky, prudish gentleman.

1649: *el alforza*. Pleat, a scar.

1656: On the left *que* is crossed out.

1668: *Mis* was first written and changed to *tus*.

1730: After *loco* an illegible word is crossed out.

1731: In the word, *bastará*, the last syllable was deleted.

1747:	Cut by the binder, this verse was written in by another hand.
1783-1810:	Notice the anaphora on *el que* changing into *que*.
1788:	*mohatra*. Fake sale.
1792-1793:	Between these lines *el que ya de ningún mo* . . . is struck out.
1807:	On the left *que* is crossed out.
1814-1874:	These lines are underlined or marked but appear not to have been crossed out.
1853:	On the left an illegible word is crossed out.
1870:	After *el, amor* and an illegible word are struck out.
1879:	*Clara* is crossed out before a second *Clara* which is retained.
1890:	On the left *ni dizen yr* are crossed out.
1900:	After *Qué* an illegible word is crossed out.
1910:	After *de* an illegible word is struck out.
1913:	After *que, gustava* is crossed out.
1921:	*sesgas*. Slanting.
1924:	*yndina* > *indigna*.
1941-1943:	Notice the apostrophe, *Tú*.
1957:	In the manuscript *tomerála* is written.
1962:	On the left *y los mil* is crossed out.
1966:	An autobiographical reference to Lope de Vega's relationship with Osorio.
1972:	After *más, que* is crossed out.
1985-1990:	These ponderous exclamations are reminiscent of the style in *Celestina*.
1987:	*tahura*. Gambler, cheater.
1988:	*guillota*. Rookie, lazy.
2009:	*Arsindo*. One of the two *músicos*.
2014:	On the left *Fulgençio* is crossed out.
2019:	On the left *vaya* is struck out.
2022:	*Clara* has been crossed out and over it is written *Tancredo*.

2047-2054: The first half of these verses are marked through by a single horizontal line, et passim.

2067: *Abana* > *Habana.*

2077: After *çierto, mançebo* is crossed out.

2086-2106: Notice the anaphora on *aqui.*

2100: After *que, juzgan* is deleted.

2108: *oráculo de Apolo.* The shrine at Thebe of Apollo where, according to early Greek religious culture, the Greek god was supposed to have given, through the mouth of an inspired priest, response to the inquiries of his votaries.

2166-2167: Between these lines *no hubo aquella noche nada* is struck out.

2173: After *solamente* an illegible word is crossed out.

2174: *en Argel [vida] sufrida.* Reference is made to the tormented life of the Spanish prisoners taken by the Turks in Algiers.

2192: After *está, vendida* is crossed out.

2195: After *asta, esta* is deleted.

2254: *Plauto, Terenzio.* Roman playwrights.

2279: *dó* > *donde.*

2281: *Diz* > *dice.*

2305-2308: A pun on Clara.

2310: *Di* or *De.*

2334: After *suya, don Tello elejira* is crossed out.

2341-2345: A play on the words, *Lima* and *lima.*

2359: *cas[a].*

2374: *barbo.* Barbel, a fish;
aliende / allende. Beyond.

2378-2379: Three verses are crossed out: *Cárzel, que vi mis cossas en bonanza,/ quando eran todos de mi bien testigos / llebó la tempestad mis verdes trigos.*

2379: After *si, ella* is scratched out;
troxes. Granary.

2384:	Before *que, por* is crossed out.
2399:	*Esta* is deleted before *es*.
2404:	*adulançión > adulación*.
2416:	On the left *el* is crossed out.
2424-2435:	A Homeric metaphor.
2429:	On the left *pero* is scratched out.
2430:	Before *el* an illegible word is struck out.
2431:	Before *en, a su agujero* is crossed out.
2436-2437:	Notice the simile.
2444-2445:	*Niega de* has been shortened to *ni*.
2504:	*Bellido*. Dolfos Bellido, the assassin of Sancho II *el Fuerte*. According to legend, on October 6, 1072, during Sancho II's siege of Zamora, Bellido treacherously killed the king.
2505:	*Aquila*. Condemned to death by Caesar in 48 B.C., Aquilas was the minister of Tolomeus XII, King of Egypt.
2529:	Lope de Vega inveighs lawyers.
2534:	¡*Oste, puto*! Beat it, villain! (Get out.)
2537:	*banbarria > bambarria*. Lucky chance.
2541:	*nísperos*. Medlars, small trees of the rose family whose small, brown, applelike fruit is hard and bitter. Galindo is referring to the five hundred *ducados* required to free Feliciano from prison.
2549:	*terçios*. Promissory notes.
2551-2553:	In this pun on the word, *calzas*, Galindo perhaps is referring to the time when Lope de Vega was at the service of the Duke of Alba.
2560:	*ara*. Parrot. In the manuscript *el viento* is written, but *en viento* sounds better.
2563:	*la calle Mayor*. Main street of Madrid.
2564:	*la Platería*. Street in Madrid where silversmith shops are located.

2578: After *dos, tan* is scratched out.

2583: To retain the rhyme of the *redondilla*, the poet wrote *hable* instead of *hables*.

2590: *medusino* > *meduseo*. Like Medusa, who in Greek legend was a sorceress whose hair was made up of serpents.

2591: In the right margin *cosa es llana* has been written in by another hand.

2642: On the left *qual* is crossed out.

2649: On the left *porqué* is scratched out.

2650: After *ya, estoy* is deleted.

2674: On the left *passar* is struck out.

2685: *Tú puedes verlo mejor* is crossed out.

2723-2724: A proverb.

2745: After *que, del dalle* is scratched out.

2755-2758: By indirectly revealing Don Tello's real character and plans, Galindo presages Dorotea's turn of fortune.

2763: *Agora* is crossed out after *Dios*.

2788: *Paja* is deleted after *esa*.

2809: *Rodulfo y Albano*. This is the first and only time these characters are mentioned.

2833: *Cómodo*. Commodus, Emperor of Rome (A.D. 180-192).
Nerón. Nero, Emperor of Rome (A.D. 54-68), who was notoriously cruel and depraved.
Eliogávalo > *Elio Galo*. Gallus, Gaius Aelius, praefect of Egypt. (26-24 B.C.). By order of Augustus he undertook an expedition to Arabia Felix with disastrous results.

2845: After *una* an illegible word is crossed out.

2896: *Marbuto* > *Marabuto*. Sailor. Also the name of a fortune candle that was placed on the master tree of a galley (*Guzmán de Alfarache* by Mateo de Alemán, 1609, part 2, chapter 9, line 2).

2918: After *y, don* is crossed out.

2922:	*gura*. In *germania*, Spanish thieves' language, this word means justice.
2937:	On the left *Julio* or *Cornelia* is scratched out.
2938:	Before *yo*, *Julio* followed by an illegible word are crossed out.
2945:	*pantasma > fantasma*.
2948:	Before *lleguemos*, *pero* is deleted and after it *él* is scratched out.
2951:	On the left an illegible word is crossed out.
2971:	Before and after *llama* two illegible words are scratched out.
2983:	After *mis* an illegible word is deleted.
2992:	In the margin *Ruydo* is written by another hand.
3014:	Before *aguarda*, *guarda* is crossed out.
3051-3054:	Feliciano is twisting his oath.
3052:	On each side of *he* two illegible words are scratched out.
3089:	Before *alguaçil*, *y el* is crossed out.
3090:	After *me* an illegible word is struck out.
3101:	On the left *al* is crossed out.
3109-3112:	Customary to the practice of Spanish Golden Age playwrights, the play ends with the mention of its title.

Bibliography Arco y Garay, Ricardo. *La sociedad española en las obras dramáticas de Lope de Vega.* Madrid: Real Academia Española, 1941.

Astrana Marín, Luis. *Vida azarosa de Lope de Vega.* 2nd ed. Barcelona: Editorial Juventud, 1941.

Blecua, José Manuel, ed. *La Dorotea de Lope de Vega.* Madrid: Revista de Occidente, 1955.

Butler, Francelia. *The Strange Critical Fortunes of Shakespeare's "Timon of Athens."* Ames, Iowa: Iowa State University Press, 1966.

Chambers, Edmund Kerchever. *William Shakespeare.* Vol. 1. Oxford: Clarendon Press, 1930.

Duckworth, George E., ed. *The Complete Roman Drama.* Vol. 2. New York: Random House, 1942.

Entrambasaguas, Joaquín. *Vivir y crear de Lope de Vega.* Madrid: Consejo Superior de Investigaciones Científicas, 1946.

Eschenburg, Johann Joachim. *Manual of Classical Literature.* Philadelphia: Fortescue, 1878.

Falconer, William Armistead, trans. *Cicero's "De Amicitia."* London: William Heinemann, 1927.

Ford, Boris, ed. *The Age of Shakespeare.* Vol. 2. London: Cassel, 1961.

García Soriano, Justo, ed. *Obras de Lope de Vega.* Vol. 11. Madrid: Real Academia Española, 1929.

Harmon, Austin Morris. *Lucian.* Vol. 2. London: William Heinemann, 1939.

Hawthorn, Richmond Y. *Classical Drama.* New York: Crowell, 1967.

Jones, Horace L., trans. *The Geography of Strabo.* London: William Heinemann, 1917.

King, John Edward, trans. *Cicero's "Tusculan Disputations."* London: William Heinemann, 1927.

Bibliography

Klein, Julius Leopold. *Geschichte des Dramas*. Leipzig: T. O. Weigel, 1865.

Mantiband, James H. *Concise Dictionary of Greek Literature*. New York: Philosophical Library, 1962.

Manuel, Juan. *Escritores en prosa anteriores al siglo XV, Libro de Patronio*. Madrid: Rivadeneyra, 1860 (Biblioteca de Autores Españoles, 51).

Morley, Sylvano Griswold. *Lope de Vega's "Peregrino Lists," Publications in Modern Philology*. Berkeley: University of California Press, 1930, 14:5.

———, and Bruerton. *The Chronology of Lope de Vega's Comedias*. New York: Modern Language Association of America, 1940.

Palau y Dulcet, Antonio. *Manuel del librero hispano-americano*. Vol. 6. Barcelona: Librería Anticuaria, 1923.

Plutarch's "Lives." Vol. 9. Translated by Bernadotte Perrin. Cambridge: Harvard University Press, 1950.

Rackham, Harris, ed. *Pliny's "Natural History."* London: William Heinemann, 1952.

Rayón el Marqués de la Fuensanta del Valle, Sancho, ed. *Colección de libros españoles raros o curiosos: Comedias inéditas de Frey Lope de Vega Carpio*. Madrid: Rivadeneyra, 1873.

Renda, Umberto, and Operti and Turri, eds. *Dizionario Storico della Letterature Italiana*. Torino: Paravia, 1951.

Rennert, Hugo A., and Castro. *Vida de Lope de Vega*. Madrid: Imp. de los Sucesores de Hernando, 1919.

Reynolds, Leighton Durham, ed. *Annaei Senecae ad Lucilivm "Epistvlae Morales."* Vol. 1. Oxford: Scriptorum Classicorum Biblioteca Oxoniensis, 1965.

Sáinz de Robles, Federico Carlos, ed. *Obras escogidas de Lope de Vega*. Vol. 1, 4th ed. Málaga: Aguilar, 1964.

Shakespeare, William. *Timon of Athens*. Edited by Harold James Oliver. Cambridge: Harvard University Press, 1959.

Bibliography

Simpson, Lesley Byrd. "The Sources of Lope de Vega's *La prueba de los amigos.*" *Publications in Modern Philology.* Vol. 14, no. 6. Berkeley: University of California Press, 1930.

———, ed. *Lope de Vega's "La prveba de los amigos."* Berkeley: University of California Press, 1934.

Tomillo, Anastasio, and Cristóbal Pérez Pastor. *Proceso de Lope de Vega.* Madrid: Fortanet, 1901.

Torraca, Francesco, ed. *Teatro Italiano dei Secoli XIII, XIV e XV.* Florence: G. C. Sansoni, 1885.

Vega de Carpio, Lope. *La prueba de los amigos.* Madrid: Blass, 1963 (Instituto de España).

Watson, Foster. *Vives and the Renascence Education of Women.* New York: Longmans, 1912.

Wright, Ernest Hunter. *The Authorship of "Timon of Athens."* New York: Columbia University Press, 1910.

Zamora Vicente, Alonso. *Lope de Vega.* Madrid: Gredos, 1961.